Andrea Friedrich

Personalarbeit in Organisationen Sozialer Arbeit

D1732295

Andrea Friedrich

Personalarbeit in Organisationen Sozialer Arbeit

Theorie und Praxis der Professionalisierung

VS VERLAG FÜR SOZIALWISSENSCHAFTEN

Bibliografische Information der Deutschen Nationalbibliothek
Die Deutsche Nationalbibliothek verzeichnet diese Publikation in der
Deutschen Nationalbibliografie; detaillierte bibliografische Daten sind im Internet über
http://dnb.d-nb.de abrufbar.

1. Auflage 2010

Alle Rechte vorbehalten
© VS Verlag für Sozialwissenschaften | GWV Fachverlage GmbH, Wiesbaden 2010

Lektorat: Stefanie Laux

VS Verlag für Sozialwissenschaften ist Teil der Fachverlagsgruppe
Springer Science+Business Media.
www.vs-verlag.de

Umschlaggestaltung: KünkelLopka Medienentwicklung, Heidelberg
Druck und buchbinderische Verarbeitung: Ten Brink, Meppel
Gedruckt auf säurefreiem und chlorfrei gebleichtem Papier
Printed in the Netherlands

ISBN 978-3-531-16557-8

Danksagung

Mein erster Dank für dieses Buch geht an alle Teilnehmenden des Fachforums Personalmanagement in der Sozialen Arbeit. Über ein Jahr lang haben sich Führungskräfte aus der Sozialen Arbeit in der Hochschule Zeit genommen, um mit mir Fragestellungen des Personalmanagements zu diskutieren. Das große Spektrum der Unterschiedlichkeit der Organisationen in der Sozialen Arbeit wurde durch die Teilnehmenden gut abgebildet. Wir alle diskutierten aus unserer eigenen Organisationswelt heraus. Unser Blick über diese Organisationsgrenzen hinweg bildete die Idee für diese Veröffentlichung mit den integrierten Interviewteilen. Einen herzlichen Dank an alle Interviewpartnerinnen und Interviewpartner, die meine Fragen aus ihrer spezifischen Organisationsperspektive authentisch beantwortet haben. Diese Interviews regen die Lesenden an, eigene Positionierungen zu personalwirtschaftlichen Fragestellungen zu entwickeln.

Ein weiterer Dank bezieht sich auf die Autorinnen und Autoren, die mit einem Praxisbeitrag das Personalmanagement in der Sozialen Arbeit in unterschiedlichster Weise für die Lesenden vertiefen. Auch hier gilt, dass jede Unterschiedlichkeit gewinnbringend ist.

Ganz besonders möchte ich Marion Schindler und Beatrice Baake für ihre Unterstützung bei der Organisation und Durchführung der Fachforumstermine danken.

Mit meinen Studierenden habe ich die Diskussionsergebnisse des Fachforums in meinen Vorlesungen reflektiert – und ich danke allen Studierenden für ihr lebhaftes Interesse, für alle Nachfragen – und auch für geäußerte Zweifel, ob das Personalmanagement für sie überhaupt wichtig ist. Dass es von großer Bedeutung gerade für die Soziale Arbeit ist, belegt nicht zuletzt das Interesse im Fachforum und dass derjenigen Studierenden, die nach ihrem Studium personalwirtschaftliche Verantwortung übernehmen werden – und übernommen haben.

Ich danke Ingeborg Lahmann und meinem Mann Henning Meyer für redaktionelle Anmerkungen und inhaltliche Nachfragen. Nicht zuletzt muss ich noch meinen drei Kindern danken – sie haben meine Work-Life-Balance in jeder Phase dieses Buches erfolgreich herausgefordert – und mit ihren Kinderfragen (Warum schreibst Du nicht einen spannenden Science-Fiction-Roman?) meine Überzeugung gefestigt: Die Gestaltung der Personalarbeit bestimmt, wie wir in sozialen Organisationen miteinander arbeiten und uns und unsere Arbeit weiterentwickeln. Das ist für uns und die, für die wir arbeiten, viel spannender als jeder Science-Fiction-Roman.

August 2009   Andrea Friedrich

Inhalt

1 Professionalisierung der Personalarbeit in der Sozialen Arbeit

1.1 Personalarbeit in Organisationen der Sozialen Arbeit

Im Zentrum des Personalmanagements steht das Personal von Organisationen. Das Personalmanagement umfasst alle Management- und Wirtschaftsfunktionen, die sich direkt oder indirekt auf die Beschäftigten einer Organisation richten. Es schließt auch die Gesamtheit aller Ziele, Strategien und Instrumente ein, die das Verhalten der Führungskräfte und aller Mitarbeitenden (auch der Ehrenamtlichen) in einer Organisation prägen.

Im Dienstleistungssektor gewinnt das Personalmanagement zunehmend an Bedeutung. Hier sind zum einen der hohe Personalkostenanteil und zum anderen der Einfluss der Mitarbeitenden auf die Qualität des Dienstleistungsangebots herauszuheben. Beide Faktoren nehmen einen ganz besonderen und wesentlichen Einfluss auf den Erfolg der Organisationen. Die Suche, die Auswahl, die Entwicklung und die Bindung der Mitarbeiterinnen und Mitarbeitern sind zu Schlüsselprozessen des Organisationserfolgs geworden – sie waren es immer, werden es aber in der Zukunft aufgrund zunehmender Wettbewerbsstrukturen eher in noch bedeutenderem Ausmaß sein.

Der Erfolg Sozialer Arbeit hängt in hohem Maß von der Motivation, dem Engagement, der Qualifikation und den Kompetenzen der Mitarbeitenden in sozialen Einrichtungen ab. Der Stellenwert der personenbezogenen Leitung und des umfassenden und sorgfältigen Personalmanagements verstärkt sich darüber hinaus durch das für die Soziale Arbeit relevante Charakteristikum, dass soziale Dienstleistungen immer interaktive Dienstleistungen sind, also in der Koproduktion von Dienstleistenden und NutzerInnen zustande kommen. Aus der elementaren Bedeutung der personenbezogenen Faktoren während des Dienstleistungsprozesses ergibt sich ein hoher Stellenwert für das Ziel, Rahmenbedingungen für ein fachlich qualifiziertes, persönlich geeignetes Personal sowie motivierte Mitarbeitende zu realisieren (vgl. Merchel 2008: 854).

Vor diesem Hintergrund verwundert es, dass der Diskussion des Personalmanagements in der Sozialen Arbeit mit all ihren Besonderheiten bislang eine eher ‚stiefmütterliche' Rolle zukommt – eine Rolle, die sich nur langsam verändert. Es stellt sich die Frage, warum die Diskussion der Faktoren, die einen relevanten Einfluss auf die Motivation, die Qualifikation und die Kompetenzen von Mitarbeitenden der Sozialen Arbeit nehmen, bislang nicht deutlicher Eingang in die Diskussion zur Gestaltung des Personalmanagements in der Sozialen Arbeit gefunden hat.

Der in der Fachdiskussion wie auch in der Praxis zu beobachtende Ansatz, dass eine Adaption betriebswirtschaftlich orientierter personalwirtschaftlicher

Instrumente für die Soziale Arbeit eine Professionalisierung im Sinne eines wertvollen Beitrages für die Entwicklung der Profession Sozialer Arbeit bewirkt, ist kritisch zu hinterfragen. Allerdings ist der Einzug des ökonomischen Gedankenguts in die Soziale Arbeit auch nicht mit einer verallgemeinernden ‚Deprofessionalisierung der Sozialen Arbeit' gleichzusetzen.

In den vergangenen Jahren ist die Zahl der Veröffentlichungen zum Personalmanagement, die sich explizit auf die Soziale Arbeit bezieht, deutlich angestiegen. Es stellt sich die Frage, worin diese Entwicklung begründet liegt. Zum einen kann argumentiert werden, dass sich das Personalmanagement als besonderer Teil der Betriebswirtschaftslehre in einem Entwicklungsprozess und gegenwärtig in einer Differenzierungsphase befindet. Zum anderen kann ein Grund darin liegen, dass das Personalmanagement in Organisationen der Sozialen Arbeit bislang wenig Beachtung gefunden hat (und dieses wiederum aus verschiedenen Hintergründen) und nun hier eine Professionalisierung i. S. eines ‚Nachholbedarfes' stattfindet. Dieser Professionalisierungsbedarf könnte (u.a.) darin liegen, dass die Soziale Arbeit traditionell eher deutlich auf die Adressaten ausgerichtet war als auf ihre Mitarbeitenden selbst und diese Fokussierung die Gestaltung des Personalmanagements für die Mitarbeitenden (Hauptamtliche wie auch Ehrenamtliche) eher in den Hintergrund treten ließ. Albert formuliert hierzu: „Soziale Arbeit orientierte sich mehr an dem schwierigen Lebenskontext der zu betreuenden Klienten, als dass sie ihre eigenen beruflichen Rahmenbedingungen in Frage stellte" (Albert 2006: 28).

Eine weitere Ursache (und Wirkung gleichermaßen) kann darin gesehen werden, dass im Zuge der Neuausrichtung die Studiengänge der Sozialen Arbeit die Themengebiete Organisationsgestaltung und Personalmanagement in die Curricula explizit aufgenommen wurden. Professorinnen und Professoren insbesondere aus den Fachhochschulen treiben die Entwicklung und Diskussion des Personalmanagements in Organisationen der Sozialen Arbeit voran und tragen zu einer Zunahme an Veröffentlichungen zum Personalmanagement in der Sozialen Arbeit bei.

Zwei Beobachtungen seien als Ausgangsthesen vorangestellt, die die gegenwärtige Fachdiskussion charakterisieren:

1. Die Fachdiskussion des Personalmanagements für Nonprofit-Organisationen (hier zunächst ohne den Fokus auf die Soziale Arbeit) orientiert sich weitgehend am Personalmanagement der profitorientierten Organisationen.
2. Das Personalmanagement in der Sozialen Arbeit erfährt eher selten, aber zunehmend Aufmerksamkeit. Allerdings verwundert, dass die Besonderheiten der Sozialen Arbeit (z.B. professionelles Selbstverständnis, Haltung, Ehrenamtliche und Freiwillige, Anteil der weiblichen Beschäftigten, flache

Hierarchien) nur selten und nur punktuell als Themenstellungen aufgenommen werden.

Bei der Gestaltung des Personalmanagements für Gesundheits- und Sozialorganisationen sind folgende Bereiche besonders zu beachten (vgl. Hölzle 2006: 24f.):

- Mission vor Gewinnorientierung:
  Da das Organisationsziel in Nonprofit-Organisationen nicht in erster Linie in der Gewinnerzielung besteht, stehen die humanitären und gemeinnützigen Ziele im Vordergrund. Diese Ausrichtung widerspricht einer ausschließlich instrumentellen Sicht der Mitarbeitenden. Leitlinien, die für die Arbeit mit der Zielgruppe aufgestellt werden, sollten – so die Mitarbeitendensicht – sich auch innerhalb der Organisation im Personalmanagement niederschlagen. Dieser Forderung steht entgegen, dass bei enger Finanzierungsgrundlage in Nonprofit-Organisationen die Überlebensfähigkeit von Organisationen oder Organisationsbereichen oft gefährdet ist und dass die Personalstrategie seitens der Mitarbeiterinnen und Mitarbeiter durchaus als kontrovers zur Organisationsstrategie erlebt wird.

- Besondere Personal- und Motivationsstrukturen:
  In vielen Sozial- und Gesundheitsorganisationen arbeiten neben den hauptamtlichen Mitarbeitenden auch ehrenamtlich Tätige und Freiwillige mit. Grundsätzlich wird angenommen, dass bei allen Beschäftigten in Nonprofit-Organisation eine vorwiegend intrinsische Motivation sowohl bei den hauptamtlichen, insbesondere aber bei den ehrenamtlichen Mitarbeitenden überwiegt. Daraus kann gefolgert werden, dass das Arbeitsverhalten nur in geringerem Ausmaß über materielle Anreize und Entgeltgestaltung als in Profitorganisationen gesteuert werden kann.

- Begrenzte Leistungs- und Kostenstandards:
  Oft wird angeführt, dass in Nonprofit-Organisationen und gerade in Organisationen der Sozialen Arbeit Leistungen erbracht werden, die nicht durch den Markt organisiert werden. Dies ist zutreffend für eine Vielzahl von Organisationen, aber durchaus nicht für alle. Dass die Empfänger der Leistungen (Klienten, Adressaten) keine festen Erwartungen bezüglich der Leistung hätten, weil sie als Empfänger auch nicht finanziell hierfür aufkommen müssen, sollte für viele NPO-Bereiche kritisch hinterfragt werden. Wenn es keine Standards gibt, vereinbaren Führungskräfte und Mitarbeitende diese untereinander. In diesem Fall – aber auch in anderen Fällen – gewinnt die Frage an Bedeutung, ob und wenn ja, wie Ehrenamtliche und Honorarkräfte in die Bestimmung der Leistungsstandards einbezogen werden können.

Dass sich das Personalmanagement vielmehr in einem Prozess als in einer Abschlussphase befindet, lässt sich neben den verschiedenen vorgestellten Konzepten auch durch verschiedene Kritikpunkten belegen, die der Praxis des Personalmanagements in sozialen Organisationen immer wieder entgegengebracht wird. Weitgehender Konsens besteht in der Einschätzung, dass das Personalmanagement vor erheblichen Herausforderungen steht und die Anforderungen an eine professionelle Gestaltung in der Zukunft steigen.

Folgende drei Schwerpunkte skizzieren die zukünftigen Herausforderungen an das Personalmanagement in Organisationen der Sozialen Arbeit:

- Die Auseinandersetzung und Bewältigung von Arbeits- und Fachkräftemangel bedingt durch die allgemeine demographische Entwicklung und berufsgruppenspezifische Einflussfaktoren. Hier sind neben der allgemeinen Personalgewinnung auch spezifische Maßnahmen zur Integration von Mitarbeitenden mit Migrationshintergrund sowie zur Verbesserung der Vereinbarkeit von Familie und Beruf herauszuheben. Auch regelmäßige Potenzialbeurteilungen und darauf zugeschnittene Personalentwicklungsmaßnahmen bilden Schwerpunkte der zukünftigen Personalarbeit.

- Die Konkurrenz um staatliche Zuschüsse, Spenden, Zielgruppen zwischen Nonprofit-Organisationen, staatlichen und privatwirtschaftlichen Einrichtungen wird zunehmen. Hieraus resultieren höhere Anforderungen an die professionelle Qualität und Quantität der zu erbringenden Dienstleistungen um wettbewerbsfähig zu sein und dies auch nachhaltig zu bleiben.

- Ethik und Menschenbilder werden zunehmend als Themenstellungen in der Praxis deutlich werden. Die Soziale Arbeit zeichnet sich gerade dadurch aus, dass die Mitarbeitenden intrinsisch motiviert sind und sich mit den Zielen der Organisation identifizieren. Die intrinsische Motivation von Mitarbeitenden geht auf der einen Seite mit einer hohen Leistungsbereitschaft einher, bewirkt aber auf der anderen Seite hohe Erwartungen an das Personalmanagement. Beides kann mit den Anforderungen nach ökonomischer Effektivität und Effizienz kollidieren und wirft Fragen der Ethik und des Menschenbildes der Personalmanagementkonzeption auf.

1.2 Hintergrund und Aufbau des Buches

Das vorliegende Buch richtet sich gleichermaßen an Studierende und Praktikerinnen und Praktiker in der Sozialen Arbeit. Die Theorie und die Praxis der Gestaltung der Personalarbeit in Organisationen der Sozialen Arbeit soll deutlich zueinander in Beziehung gesetzt werden. Hintergrund hierfür ist die Erfahrung, dass es zum einen Studierenden der Sozialen Arbeit eher schwerfällt, aus ihrer (sehr naheliegenden) Arbeitnehmendensicht in eine Arbeitgeber bzw. Organisationssicht zu gelangen. Zum anderen erzeugen die betriebswirtschaftlichen theoretischen Ausführungen zur Ausgestaltung des Personalmanagements bei Entscheidungsträgerinnen und Entscheidungsträgern aus der Sozialen Arbeit Irritationen im Kontext der Sozialen Arbeit.

Darüber hinaus ist das Spektrum der Organisationen, der Organisationsformen und -ausgestaltungen derart komplex, dass es *das* Personalmanagement in Organisationen der Sozialen Arbeit nicht geben kann.

Im Oktober 2007 nahm das Fachforum Personalmanagement in der Sozialen Arbeit seine Arbeit auf. Auf Initiative der Verfasserin trafen sich ein Jahr lang Entscheidungsträgerinnen und Entscheidungsträger einmal im Monat, um Themen des Personalmanagements in der Sozialen Arbeit zu diskutieren. Die Teilnehmerinnen und Teilnehmer arbeiten in den unterschiedlichsten Organisationen und Arbeitsfeldern der Sozialen Arbeit. Ziel dieses Fachforums war es, mit Entscheidungsträgerinnen und Entscheidungsträgern aus verschiedenen Organisationen und Arbeitsfeldern der Sozialen Arbeit in einen systematischen Austausch über aktuelle Themenstellungen des Personalmanagements zu treten und gemeinsam für die Praxis Gestaltungsmöglichkeiten zu erarbeiten. Aus diesem Forum heraus entstand die Erkenntnis, dass es keine „best practice" Gestaltung des Personalmanagement gibt, dem es nachzueifern gilt. Die Herausforderung liegt vielmehr darin, für jede Organisation der Sozialen Arbeit eigene Gestaltungen zu entwickeln.

Das vorliegende Buch folgt dieser Haltung. Es gibt einen Überblick über das Personalmanagement und stellt diese Inhalte der Praxis der Personalarbeit in der Sozialen Arbeit gegenüber. Interviews mit den Führungskräften aus dem Fachforum geben den Lesenden einen Einblick in die Gestaltung der Personalarbeit in der Praxis – ohne den Anspruch zu erheben, hier werden allgemeingültige Antworten gegeben, die für alle Einrichtungen der Sozialen Arbeit Geltung haben. Sie bilden die Grundlage für Gedankenanstöße für die Lesenden. Einzelne Praktikerbeiträge vertiefen schließlich ausgewählte personalwirtschaftliche Fragestellungen. Deutlich wird, wie unterschiedlich die Bedingungen und Erwartungen der Praxis sind. Die Praktikerbeiträge unterstreichen damit die Komplexität der Personalarbeit.

2   Grundlagen des Personalmanagements

Im folgenden Abschnitt wird die Beziehung zwischen dem Personalmanagement
und der Organisationsstrategie analysiert: Weil das Personalmanagement in einer
Wechselbeziehung zur Organisationsstrategie stehen kann (oder aber auch eine
weitgehende Unabhängigkeit zwischen beiden vorherrschen kann), wird zunächst die Interaktion von Organisations- und Personalstrategie beschrieben.
Wichtige Einflussfaktoren auf die Personalstrategie ergeben sich auch durch das
Menschenbild und das Verständnis von ethischem Handeln. Als aktuelle gesellschaftliche Themen gewinnen Gender, Diversity Management sowie Gestal-
tungsnotwendigkeiten ausgehend vom demographischen Wandel zunehmend an
Bedeutung für die Gestaltung des Personalmanagements. Die Forderung der
Ausrichtung des Personalmanagements zur Entwicklung einer umfassenden
Lernorientierung bildet nachfolgend das Konzept des Organisationalen Lernens
ab.

2.1   Begriffe, Ziele und Träger

In der Diskussion kursieren diverse Begriffe: Personalmanagement, Personalwirtschaft, Human Ressource Management (abgekürzt HRM), oder aus älteren
Publikationen der Begriff des Personalwesens. Diese Vielfalt irritiert: Die Begriffe Personalwirtschaft und Personalmanagement werden nicht eindeutig voneinander abgegrenzt, oft werden beide Begriffe synonym benutzt. Andererseits
soll durch die Begriffswahl neben einer zeitlichen Entwicklung der Disziplin und
dem Wandel der Personalfunktion der Paradigmenwechsel betont werden. Dem
aus dem angelsächsischen Raum entspringende Begriff des ‚Human Ressource
Management' widerfährt ähnliches: Zum einen ist er eine einfache Übersetzung
des deutschen Begriffs Personalmanagements, zum anderen betonen einige Autoren mit diesem Begriff die Bezüge zur Organisationsstrategie.

    Die Gewinnung, die Förderung und die Bindung von geeigneten und lei-
stungsbereiten Mitarbeiterinnen und Mitarbeitern stellt eine Schlüsselaufgabe für
alle Organisationen dar. Das Ziel des Personalmanagements ist es, eine optimale
Zusammensetzung des Personals zu erreichen, die auf die Erfüllung gegenwärti-
ger und zukünftiger Aufgaben und Ziele der Organisation ausgerichtet ist. Dies
kann grundsätzlich auf zwei (sich auch ergänzenden) Wegen geschehen: Zum
einen durch die Bereitstellung von Menschen mit geeigneten Kompetenzen.
Maßgebliche Handlungsfelder des Personalmanagements sind hier die Personalbedarfsplanung, die Personalauswahl, die Personaleinführung und die Personaleinsatzplanung. Zum anderen können notwendige Kompetenzen durch die Ent-

wicklung der vorhandenen Fähigkeiten und Qualifikationen von Einzelnen und Teams durch Maßnahmen der Personalentwicklung aufgebaut werden. Hierzu gehört auch die Schaffung von geeigneten und unterstützenden Rahmenbedingungen wie z.B. der Verbesserung der Kommunikationsstrukturen.

Das Personalmanagement besitzt einen funktionsübergreifenden Charakter. Führungskräftepositionen mit den entsprechenden Aufgaben zur Personalführung und zur Personalförderung werden in allen Arbeitsbereichen und / oder Abteilungen ausgeübt wie auch Systeme der Personalentwicklung (z.B. bereichsübergreifend festgelegte Personalentwicklungsgespräche) oder der Personalbeschaffung (festgelegte Beschaffungswege) für die gesamte Organisation und nicht nur für einzelne Bereiche entwickelt werden. Die Frage, ob Organisationen eine eigene Personalabteilung, eine einzelne verantwortliche Stelle mit dem Personalmanagement betrauen oder ob sogar einzelne Funktionsbereiche des Personalmanagements (z.B. die Einrichtung einer Abteilung Personalentwicklung) eingerichtet werden sollen, kann selbstverständlich nicht allgemeingültig beantwortet werden. Die institutionelle Gestaltung muss individuell strategische Überlegungen, betriebliche Erfordernisse sowie Zweckmäßigkeits- und Wirtschaftlichkeitsüberlegungen einbeziehen. In der Praxis finden sich kleinere Organisationen, in denen nur eine Führungskraft alle Personalentscheidungen trifft und die u.U. auch die administrativen Aufgaben der Personalarbeit wie die Personalabrechnung übernimmt. In größeren Einrichtungen wird die administrative Arbeit oft zentral bearbeitet und alle Führungskräfte mit Personalverantwortung übernehmen Aufgaben wie die Personalauswahl und Personalentwicklung. Darüber hinaus gibt es auch zentrale PersonalsacharbeiterInnen, die z.B. Grundsatzfragen zum Personalmanagement, Systeme (wie z.B. ein Arbeitszeitsystem) entwickeln, um die Führungskräfte zu unterstützen und einheitliche Standards (z.B. zur Personalauswahl oder zu Beurteilungsverfahren) in einer Organisation einzuführen (vgl. Hölzle 2006:19).

2.2 Entwicklungslinien und Paradigmenwechsel

Das Thema Personal ist verglichen mit anderen Managementbereichen eine eher noch junge Wissenschaft. Der erste Personallehrstuhl in Mannheim wurde in den sechziger Jahren gegründet. 1961 fand eine wissenschaftliche Jahrestagung der Hochschullehrer für Betriebswirtschaft statt, die sich unter dem Titel ‚Arbeit und Lohn als Forschungsobjekt der Betriebswirtschaftslehre' erstmals mit einem personalwirtschaftlichen Thema beschäftigte. Oft wird diese Tagung als Beginn einer Personalwirtschaftslehre angesehen. Die Anzahl der Veröffentlichungen in den vergangenen Jahren zeigten, dass sich diese als eigenständige Fachdisziplin innerhalb der Betriebswirtschaftslehre entwickelt hat. Seit ungefähr zehn Jahren rückt das Personalmanagement in Gesundheits- und Sozialorganisationen zunehmend deutlicher in den Vordergrund und die Zahl der Veröffentlichungen hierzu nimmt erheblich zu.

Die Begriffe Personalwesen, Personalwirtschaft und Personalmanagement, aber auch der des Human Ressource Management bilden in der Diskussion um das Personal auch einen Paradigmenwechsel ab. Ein Paradigma stellt Meinungen, Prämissen, Werte und Methoden vieler dar, die ihrerseits auf die Wahrnehmung und die Problemsicht Einfluss nehmen (vgl. Falk 2004: 33).

Mit Blick auf das Personal soll nachfolgend der Paradigmenwechsel beschrieben werden. Er zeichnet gleichermaßen die Entwicklungslinien des Verständnisses einer professionellen Personalarbeit nach:

- Bürokratisierung (bis ca. 1960)
- Institutionalisierung (ab ca. 1960)
- Humanisierung (ab ca. 1970)
- Ökonomisierung (ab ca. 1980)
- Unternehmerische Orientierung (ab ca. 1990)
- Change Management, Lernende Organisation, Diversity (ab ca. 2000).

Der Paradigmenwechsel zeigt sich besonders deutlich in der Abkehr vom Begriff ‚Personalwesen'. Der Begriff Personalwesen wird gegenwärtig von vielen Autoren abgelehnt. So verabschiedet sich Hilb explizit vom Begriff des Personalwesens, der nach seiner Meinung die Aufmerksamkeit zu sehr auf das verwaltende und zu wenig auf das aktive Gestalten legt (vgl. Hilb 2005: 12).

Nach Schanz wird insbesondere das „fürsorglich-patriarchalische Element", das diesen Begriff begleitet, dem modernen Verständnis nicht mehr gerecht (Schanz 2000: 31). Er stellt den Wandel des Selbstverständnisses heraus: Vom reaktiv-verwaltenden zum aktiv-initiierenden Selbstverständnis (vgl. Schanz 2000: 35). Scholz betont: „Im Mittelpunkt steht nicht länger der Mensch als Produktionsfaktor und die Personalabteilung als seine Verwaltungsinstanz; Personalmanagement ist vielmehr aktiver Teil des gesamten Managementprozesses, verbunden mit entsprechender Professionalität und strategischer Ausrichtung" (Scholz 1993: 1). Damit tritt neben der pro-aktiven Dimension auch die zeitliche Nutzenwirkung der Personalarbeit zunehmend in den Vordergrund.

Diesen Entwicklungslinien ist anzumerken, dass rechtliche und administrative Dimensionen der Personalarbeit nicht etwa irrelevant geworden sind. Sie treten aber gegenüber den anderen Dimensionen (psychologischen, betriebswirtschaftlichen) zurück. Ein Grund hierfür liegt darin, dass in der Berufspraxis Gestaltungsnotwendigkeiten weniger in den rechtlichen bzw. administrativen Bereichen der Personalarbeit liegen.

Das folgende Zitat von Pracht stellt den Paradigmenwechsel und die Dimension der Administration prägnant zusammen: „Bislang hat sich die Frage des Personalmanagements, beispielsweise in den Sozialen Dienstleistungsunternehmen, nahezu ausschließlich auf die Aspekte des Arbeitsrechtes und der Verwaltung in der Praxis reduziert. Manche Problemfelder im Bereich Personal (z.B. den ‚Pflegenotstand') könnte man, wenn man es wollte, unter anderem auch auf diese sehr einseitige Orientierung zurückführen" (Pracht 2002: 163).

2.3 Konzeptionelle Grundlagen

2.3.1 Verhältnis von Organisations- und Personalstrategie

Das Verhältnis der Unternehmens- und der Personalstrategie lässt sich in vier unterschiedliche Ausprägungsrichtungen unterscheiden:

(1) Autonomieperspektive: Unabhängigkeit von Organisationsstrategie und Personalstrategie

Dieses Verhältnis lässt sich als Autonomieperspektive bezeichnen (vgl. Kolhoff, Kortendieck 2006: 69). Unabhängig von den Strategien und Zielen der Organisation optimiert hier das Personalmanagement die Personalbeschaffung, den Personaleinsatz und die Personalentwicklung. Diesem Typus der Unabhängigkeit von Organisations- und Personalstrategie ist ein Menschenbild zuzuordnen, dessen Ziel die Entwicklung und Entfaltung menschlicher Arbeitsleistung ist und hierfür günstige Rahmenbedingungen und Voraussetzungen schaffen möchte. Für diese entwicklungsorientierte Personalstrategie sind personalwirtschaftliche Themenstellungen wie Beschäftigungssicherheit, Personalauswahl, Entwicklung von Teams und Teamarbeit, eine vom Unternehmenserfolg abhängige Vergütung, umfangreiche Personalentwicklungsmaßnahmen, geringe Statusunterschiede sowie eine intensive Information von besonderer Bedeutung (vgl. Hölzle 2006: 22).

Dass Personal- und Organisationsstrategien weitgehend voneinander unabhängig sind, findet sich in der Praxis vor allem in verwaltungsnahen NPO mit gewachsenen bürokratischen Strukturen sowie in großen basisnahen Organisationen wie Kirchen, Gewerkschaften und Parteien. Kolhoff und Kortendieck verweisen als Praxisbeispiele auf Monopolsituationen und Organisationen, die wenige Beschränkungen durch Finanzmittel befürchten müssen (vgl. Kolhoff, Kortendieck 2006: 69).

(2) Ressource based view: Die Personalstrategie dominiert die Organisationsstrategie

In diesem ressourcenorientierten Ansatz baut die Organisationsstrategie auf der Personalstrategie auf. Die diesem Ansatz zugrunde liegende Kernidee lautet, dass Organisationen ihre personellen Ressourcen als Chancen für langfristige Wettbewerbsvorteile verstehen und einsetzen wollen. Die Fähigkeiten und die Motivation des Personals stellen die entscheidenden Wettbewerbsfaktoren dar. Es sind vor allem kleinere soziale Einrichtungen, in denen die Geschäfts- und Personalstrategie häufig in erster Linie auf personalen Ressourcen aufgebaut wird (vgl. Hölzle 2006: 23).

> Ein Beispiel: In einem neuen Wohngebiet gründen zwei Erzieherinnen, die sich im Bereich der Naturpädagogik fortgebildet haben, zusammen mit Eltern einen gemeinnützigen Verein. Sie verhandeln mit der Kommune über die finanzielle Unterstützung eines Waldkindergartens. Der Vorstand des Vereins plant bereits in der Gründungsphase, dass die den Verein initiierenden Erzieherinnen die Waldkindergartengruppe von 15 Kindern betreuen wird.

(3) Market based view: Die Organisationsstrategie dominiert die Personalstrategie

In dieser dritten Variante folgt das Personalmanagement der Organisationsstrategie, d.h. das Personalmanagement ist Mittel zur Umsetzung der Ziele der Organisation. Die Interessen der Mitarbeitenden sind in diesem Ansatz nachrangig. Dieser Ansatz wird auch als ‚market based view' bezeichnet. In NPO ist dieser Typus eher in wirtschaftsnahen Organisationen zu finden. Die Personalstrategien ordnen sich den absatzwirtschaftlichen Zielen unter. Wenn sich die Organisation am Qualitätswettbewerb orientiert, dominiert die Personalentwicklung, orientiert sie sich aber am Preis, so dominiert das Personalkostenmanagement.

(4) Harvard Ansatz: Wechselseitige Wirkungszusammenhänge zwischen Organisations- und Personalstrategie

In dieser Konstellation gibt es keine Unter- bzw. Überordnung von Organisations- und Personalstrategie. Beide Ebenen werden eng miteinander verzahnt und integriert. Das Personalmanagement ist Bestandteil der Managementebene und wird innerhalb der Organisation nicht als Spezialistenaufgabe verstanden. Durch die Berücksichtigung der Organisationsvision (Leitbild, Mission) und aller wichtigen Stakeholder werden die Organisationsstrategie und Personalstrategie simultan gedacht. Die Potenzialentwicklung von Mitarbeitenden lässt für die Organisationen Wettbewerbsvorteile entstehen. Änderungen des Marktes bzw. der Adressatengruppe oder der Rahmenbedingungen werden vom Personalmanagement aktiv aufgenommen und entsprechende Lösungen entwickelt und angeboten. Dieser Ansatz wird auch ‚Harvard-Ansatz' genannt.

Für den Nonprofit-Bereich wird eine enge Abstimmung der Personalstrategie mit der Organisationsstrategie unter Einbeziehung der Stakeholder sowie die bestehenden Personalressourcen empfohlen (vgl. v. Eckhardstein, Ridder 2003: 29).

2.3.2 Menschenbilder, Ethik und Personalstrategie

Menschenbilder
Schanz wandelt den berühmten Satz von Ludwig Wittgenstein ‚von den Grenzen der Sprache, die die Grenzen meiner Welt markieren' um. Sein Satz lautet: „Die Grenzen meines Menschenbildes sind die Grenzen meiner Welt!" (Schanz 2000: 57). Dieser begrenzenden Perspektive durch Menschenbilder steht in anderer Richtung entgegen, dass Menschenbilder uns handelnden Menschen durch eine erhebliche Komplexitätsreduktion dienen. Jede Personalstrategie, jede Ausgestaltung des Personalmanagements folgt einem Menschenbild und wirkt durch Handlungen wieder auf die Konstruktion von Menschenbildern zurück.

Aus der Betriebswirtschaft ist die Gestalt des ‚homo oeconomicus' bekannt. Es veranschaulicht ein Menschenbild, dass sich Menschen so verhalten, dass ihnen persönlich ein möglichst hoher (ökonomischer) Nutzen zukommt. Die Gestalt des homo oeconomicus ist weit umstritten. Insbesondere in NPO mit einer hohen Werteorientierung stößt dieses Menschenbild auf Ablehnung. Dennoch sind die Ableitungen aus der Gestalt des ‚homo oeconomicus' auch in NPO nicht vollständig zu negieren.

Eine weitere Kunstfigur bzw. genauer zwei werden in der Theorie X bzw. Y von McGregor beschrieben (vgl. McGregor 1960: 33ff.). Die Theorie X formuliert als idealtypisches Menschenbild folgende Annahmen:

- Der durchschnittliche Mensch hat eine angeborene Abscheu vor der Arbeit und wird, soweit es möglich ist, die Arbeit meiden.
- Daher müssen die meisten Menschen unter Strafandrohung zur Arbeit gezwungen, kontrolliert und geführt werden, damit sie einen angemessenen Beitrag zur Zielerreichung leisten.
- Der durchschnittliche Mitarbeiter möchte gern gelenkt werden, er meidet die Verantwortung, hat wenig Ehrgeiz und wünscht Sicherheit über alles.

Diesem Menschenbild steht die Theorie Y diametral gegenüber: Hier lauten die Annahmen:

- Der Mensch hat keine angeborene Abneigung gegen die Arbeit. Die Arbeit ist so natürlich wie das Spiel und Ruhe und kann eine Quelle der Zufriedenheit sein.
- Wenn der Mensch sich mit den Zielen der Unternehmung identifiziert, übt er Selbstdisziplin und Selbstkontrolle. Fremdkontrolle und Strafandrohungen sind keine geeigneten Mittel.
- Die Verpflichtung gegenüber den Zielsetzungen ist eine Funktion der Belohnungen.
- Unter den entsprechenden Bedingungen lernt der Mensch nicht nur, Verantwortung zu akzeptieren, sondern auch, sie anzustreben.
- Einfallsreichtum und Kreativität sind in der Bevölkerung weit verbreitet.
- Das geistige Potenzial wird im industriellen Leben kaum aktiviert.

Die Idee von McGregor ist fast fünfzig Jahre alt. Die Unterscheidung der skizzierten Menschenbilder wirkt sehr überspitzt, und dennoch kann sie hilfreich bei der Identifikation von Entscheidungsprozessen im Bereich des Personalmanagements sein. Die Menschenbilder der Führungskräfte und der Mitarbeitenden prägen die Wahrnehmungen, die Kommunikation und die Handlungen und diese nehmen wiederum Einfluss auf das Menschenbild.

Ein Beispiel: Eine Organisation möchte ihre Arbeitszeitgestaltung verändern. Diskutiert wird die Einführung einer Vertrauensarbeitszeit, die die Formulierung von festen Kernanwesenheitszeiten ersetzen soll. In einer Diskussion von Entscheidungsträgern der Organisation können Bedenken und Einwände gegen dieses Vorhaben seitens einiger Führungskräfte auf das Menschenbild der Theorie X zurückgeführt werden. Ihre Argumente gegen die Vertrauensarbeitszeit stellen die Befürchtung heraus, dass Mitarbeitende die gewonnen Freiheiten ausnutzen werden und die Arbeitsqualität massiv leiden wird. In der Realität zeigt sich jedoch, dass die meisten Mitarbeitenden nach Einführung der Vertrauensarbeitszeit sich mehr mit den Arbeitsergebnissen identifizieren und ihr Verhalten deutlicher durch das Menschenbild Y geprägt ist.

Während die Theorie X und Y eher auf Menschenbilder auf der individuellen Ebene eingeht, sind auch Menschenbilder auf organisationaler Ebene zu benennen, die die Gestaltung des Selbstverständnisses des Personalmanagements beeinflussen. Hier bestehen enge Verbindungen zur Organisationskultur (vgl. Punkt 4).

Ethik
Ethik ist in der Fachdiskussion des Personalmanagements ein eher wenig vertieftes Forschungsfeld. Viele Lehrbücher zum Personalmanagement thematisieren ethische Fragestellungen nicht oder nur unspezifisch. „Als Grund hierfür wird ganz wesentlich der unklare wissenschaftstheoretische Status von Unternehmensethik vor dem Hintergrund ihrer Referenzwissenschaften Ökonomik und Ethik genannt. Darüber hinaus ist es auffallend, dass unternehmensethische Fragestellungen häufig entweder unter den Kategorien des Moralischen oder unter den Kategorien des Ökonomischen betrachtet werden. Eine interdisziplinäre Analyse mit methodisch-wissenschaftlichem Anspruch bleibt jedoch häufig aus" (Hütte 2003: 414f.).

In der Praxis werden ethische Geltungsansprüche durchaus als konfliktträchtige Problemstellung wahrgenommen.

Ein Beispiel: Eine soziale Einrichtung erlebt, dass ihre angebotenen Betreuungsplätze nicht mehr ausgelastet sind und sieht sich in seiner Existenz bedroht. Aus der Kommunikation und Interaktion der Führungsebene sehen sich die Mitarbeitenden in der Ausübung ihrer Berufspraxis, dass Personal wie Sachmittel zwar als produktiver, aber eben auch als kostenintensiver Faktor angesehen werden, deren Verwendung von den betrieblichen Zielen bestimmt werden. Sie haben Angst um ihren Arbeitsplatz und geben ihren individuellen Erwartungen an die Organisation den höchsten Stellenwert. Demzufolge sinkt die Qualität ihrer fachlichen Arbeit.

Die Orientierung an der Zielgruppe und die ethischen Grundhaltungen können dazu führen, dass gerade in gemeinnützig orientierten, sozial ausgerichteten Nonprofit-Organisationen hohe Erwartungen an das Führungsverhalten und an die Maßnahmen des Personalmanagements übertragen werden. Trifft dies zu, ist eine besonders sensible Erwartungshaltung seitens der Mitarbeitenden von Sozial- und Gesundheitsorganisationen verständlich und nachvollziehbar.
Ein spezielles Konzept, das Ethik in den Mittelpunkt stellt, ist das Corporate Social Responsibility (CSR). Es umschreibt den Beitrag von Organisationen zu einer nachhaltigen Entwicklung und steht für verantwortliches unternehmerisches Handeln in der eigentlichen Geschäftstätigkeit, über ökologisch relevante

Aspekte bis hin zu den Beziehungen mit Mitarbeitenden und dem Austausch mit dem Umfeld im Gemeinwesen.

2.3.3   Diversity und Demographiesensibilität

Die soziale Arbeit und die pflegenden, fürsorglichen und assistierenden medizinischen Berufe galten lange als klassische Frauenberufe mit geringerem Männeranteil. Seit der Beruf jedoch professionalisiert, aufgewertet und somit attraktiv für Männer wurde, lässt sich zeigen, dass Frauen innerhalb dieses Frauenberufes auf die Positionen niedrigerer Hierarchieebenen verdrängt wurden und sich ihre Partizipationsmöglichkeiten an gehobenen Positionen eher reduziert haben (vgl. Ehrhardt 1998: 7).

Frauen in Führungspositionen sind auch heute in vielen Organisationen der Gesundheits- und Sozialwirtschaft noch immer stark unterrepräsentiert. In der Literatur zu Personalmanagement in NPO werden Frauen trotz ihres hohen Beschäftigtenanteils nur selten thematisiert. Die Chancengleichheit der Geschlechter stellt aktuell ein öffentlich vieldiskutiertes Thema dar: Gesetzliche Regelungen zur Vereinbarung von Familie und Beruf finden intensive öffentliche Aufmerksamkeit. Ziel ist es, die beruflichen Chancen von Männern und Frauen anzugleichen, dadurch dass Rahmenbedingungen geschaffen werden, die es Eltern ermöglichen, Familie und Beruf zu vereinbaren. In diesen Bestrebungen steht weniger die Frauenförderung im Vordergrund, als vielmehr die Zielgruppe der Erziehungsarbeitleistenden.

Gegenüber früheren Konzepten der Frauenförderung sind die Konzepte ‚Gender Mainstreaming' und in viel weiterem Ausmaß das ‚Diversity Management' umfassender. Sie gehen nicht ausschließlich auf die weiblichen Beschäftigten ein, sondern werden als Querschnittsaufgabe für das Personalmanagement und für die Führungskräfte angesiedelt (vgl. Hölzle 2006: 93).

Zur Realisierung der Chancengleichheit ergeben sich vier Handlungsfelder, die in den Organisationen besondere Aufmerksamkeit erhalten sollen: (vgl. Krell 2004:17)
(1)   Chancengleichheit bei der Übernahme von Führungspositionen sowie Zugang zu Bereichen, in denen überproportional Männer arbeiten
(2)   Abbau von Diskriminierungen, die durch die Arbeitsgestaltung und die Entgeltgestaltung bestehen
(3)   Erleichterung der Vereinbarkeit von Beruf und Privatleben/Familie ohne diskriminierende Folgen

(4)   Erhöhung der Gleichstellungskompetenzen in der Organisation und Sensibi-
       lisierung der Führungskräfte.

Das Diversity-Management verfolgt die Grundannahme, dass Verschiedenheit
und Individualität grundlegende Phänomene menschlichen Lebens sind. Hier
wird die Verschiedenheit von Menschen als Ressource verstanden: Sie begründen ein breites Spektrum an Kompetenzen. Neben der altersmäßigen Zusammensetzung wird im Diversity-Ansatz insbesondere die Heterogenität der Mitarbeitenden hinsichtlich des Geschlechts, des Alters und der ethnischen Zugehörigkeit
als strategische Ressource des Unternehmens diskutiert (vgl. Grund 2006: 462).
Für Gesundheits- und Sozialorganisationen ist das Konzept des Diversity überaus versprechend. Die Förderung und Entwicklung von Mitarbeitenden aus unterschiedlichen Kulturkreisen kann die Qualität ihrer Leistungsprozesse und des
Leistungsangebots erheblich verbessern.
    Die Erkenntnisse der Demographie als statistisch fundierte Bevölkerungs-
lehre berühren auch das Personalmanagement. Unter dem Stichwort ‚Demogra-
phischer Wandel' wird das Phänomen verstanden, dass aufgrund einer steigenden Lebenserwartung und einer sinkenden Geburtenzahl die Bevölkerung zahlenmäßig schrumpft und der Anteil jüngerer Menschen an der Gesellschaft geringer wird, während die Zahl der älteren Menschen zunimmt (vgl. Stolz 2005:
11). Die demographische Situation in Deutschland gewinnt für das Personalmanagement zunehmend an Bedeutung. Grundsätzlich sind alle personalwirtschaftlichen Handlungsfelder von dieser Entwicklung betroffen bzw. werden zumindest durch sie berührt. Als Schwerpunkte sind die Personalbeschaffung und die
Personalentwicklung zu nennen.
    Gegenwärtig zu beobachten, dass sich die Organisationen dieser Herausfor-
derung nur in geringem Ausmaß stellen. Neben einer altersselektiven Personalpolitik sind es auch Personalkonzepte, die wesentlichen Einfluss nehmen: Sie
sind oft auf junge Mitarbeiter ausgerichtet (vgl. Böhm 2006: 26), und meist auch
weniger auf Mitarbeiterinnen. Zu den Mythen und Vorurteilen gehört auch, dass
die Lernfähigkeit von älteren Arbeitnehmenden sinkt wie auch ihre Bereitschaft,
sich weiter zu qualifizieren. Jüngere Mitarbeitende bilden noch immer den
Maßstab für Personalkonzeptionen. Sie gelten als innovationsfreudig, mobil, motiviert und insbesondere kostengünstig. Älteren Mitarbeiterinnen und Mitarbeitern wird zugeschrieben, dass sie immobil, teuer und krankheitsanfällig sind.
Diese Attributionen werden sich sehr wahrscheinlich grundlegend ändern.
    Vieles spricht dafür, das Ziel eines ausgewogenen Verhältnisses an ver-
schiedenen Altersphasen der Mitarbeitenden zu verfolgen. Während jüngere Mitarbeitende neue Ideen in Organisationen hineintragen und über aktuelle Kenntnisse über neue technologische, wissenschaftliche Entwicklungen verfügen, so

zeichnen sich ältere Mitarbeitende oft durch ein umfangreicheres Erfahrungswissen sowie durch umfassende Kenntnisse organisationsinterner spezifischer Zusammenhänge aus.

Die demographischen Veränderungen beeinflussen das Erwerbspersonenangebot und die Erwerbspersonennachfrage erheblich. Quantitativ stellt sich die Frage, wie sich die Anzahl der Arbeitskräfte verändert. Strukturell gilt es, die Entwicklung der Altersstrukturen vor dem Hintergrund des demographischen Wandels zu hinterfragen. In der qualitativen Dimension steht insbesondere die Frage nach der Entwicklung der Qualität der Arbeitskräfte im Mittelpunkt – und damit im Blickpunkt des Personalmanagements.

Insgesamt ist zu erwarten, dass sich das Personalmanagement in der Zukunft viel intensiver als heute mit den Altersstrukturen auseinandersetzen wird. Dies gilt auch und besonders für kleinere Einrichtungen der Sozialen Arbeit wie auch Gesundheitseinrichtungen, die oft aus gleichaltrigen Mitarbeitenden bestehen. Auch die Orientierung am aufstrebenden und wachstumsorientierten jüngeren Mitarbeitenden wird sich im Bereich des Personalmanagements ändern. Zukünftig wird der Bedarf an Konzepten für ältere Mitarbeitende sowie diversifizierten Konzepten zum Diversity Management steigen.

2.3.4   Personalmanagement in ‚Lernenden Organisationen'

Die *lernende Organisation* ist ein gegenwärtig vielfach verwendeter Begriff, der überaus positiv besetzt ist. „Die lernende Organisation als das meistgenannte Managementmodell der 90er Jahre wird sowohl vom Konzept her als auch als gelebtes Handeln innerhalb des ‚management theory jungle' als überlebensfähig eingeschätzt" (Riebe, Sellach 2000: 83).

Die Basis dieses Konzepts basiert auf der Erkenntnis, dass der Wandel von Organisationen nicht als Ausnahmesituation gesehen werden kann, sondern vielmehr ist der Wandel die Notwendigkeit der Sicherung der Existenz von Organisationen (vgl. Merchel 2004: 36).

Organisationales Lernen kann wie folgt definiert werden:
Es ist der Prozess der Veränderung der
- organisationalen Wissensbasis,
- die Verbesserung der Problemlösungs- und Handlungskompetenz sowie
- die Veränderung des gemeinsamen Bezugsrahmens
  von und für Organisationen (vgl. Probst, Büchel 1998: 17).

Lernen erfolgt auf der Ebene von Individuen. Aber vergleichbar mit der Kompetenz einer langjährig eingespielten Teamgruppe im Volleyball hebt das Konzept das organisationale Lernen selbst als organisationseigene Größe heraus. Die Summe der Einzelkompetenzen aller Teilnehmerinnen und Teilnehmer ist wie beim Sportbeispiel nicht mit der Gesamtkompetenz des Teams gleichzusetzen. Das Resultat eines organisationalen Lernprozesses hat demzufolge eine andere Qualität als die Summe individueller Lernprozesse.

Anlässe für Lernprozesse können Turbulenzen und Krisen wie Unzufriedenheit von Mitarbeitenden, Konflikte, Stress, Neugier, Umweltveränderungen sowie auch wachsender Wettbewerbsdruck sein. Eine lernende Organisation befindet sich ständig in Bewegung. Diese Grundannahme schließt damit eng an das Change Management an.

Für das Handlungsfeld der Personalentwicklung nimmt insbesondere der Ansatz der Schwierigkeit des „Ver"-lernens einen besonderen Stellenwert ein: Verlernen begründet die Möglichkeit, neues Wissen aufzunehmen und eine Veränderung bzw. den Wegfall von alten Strukturen zu bewirken. „Lernen wird dort verhindert, wo Wissen bewahrt bleibt, denn Lernen (zer-)stört Wissen in der bestehenden Struktur" (Probst, Büchel 1998: 73).

Alle Systeme, Strukturen und Kommunikationsprozesse des Personalmanagements sind demzufolge konsequent und umfassend auf die Förderung von Lernprozessen auszurichten.

2.3.5   Praxisinterview: Gestaltung des Wandels

Frage: „ Können Sie kurz Ihre Einrichtung beschreiben?"

Antwort: „Wir – das Job-Center Hildesheim – sind eine Arbeitsgemeinschaft des Landkreises Hildesheim und der Bundesagentur für Arbeit gemäß § 44 b SGB II. Dahinter steckt die Zusammenführung von ehemals Arbeitslosenhilfe und Sozialhilfe seit 1. Januar 2005. Bei uns sind – neben zwei Querschnittteams (Administration und Rechtsfragen) – zehn operative Teams im Bereich der Arbeitsvermittlung sowie Leistungsgewährung (medial bekannt als Hartz IV) beschäftigt, z.Z. ca. 280 Mitarbeiter/-innen."

Frage: „Welchen Stellenwert nimmt die Personalarbeit in Ihrer Einrichtung ein? Können Sie eine Veränderung wahrnehmen?"

Antwort: „Das Job-Center verfügt nicht über eigenes Personal. Die Beschäftigten sind von ihren Dienstherren abgeordnet bzw. seitens der Agentur
für Arbeit dienstüberlassen. Eigentlich sollte das Job-Center selbst
nicht von Personalarbeit betroffen sein – die Entwicklung bringt jedoch andere Erfordernisse. Personalarbeit verlangt direkte Auseinandersetzung. Wenn eigentliche Dienstherren ihre Mitarbeiter/-innen aus
den Augen verlieren, hat dies Nachteile für alle Beteiligten. Veränderungen beziehe ich auf mich persönlich: Da stetig und regelmäßig Beurteilungen zu fertigen sind, die Personalauswahl durch mich unter Beteiligung weiterer Personen (PR, Beschäftigtengruppenvertretung etc.)
erfolgt, konnte ich aus dem Fachforum interessante Erkenntnisse gewinnen, die Perspektivwechsel ermöglichen, Anregungen und Reflexi-
onsmöglichkeiten bieten."

Frage: „Welche Themenstellungen werden aus Ihrer Sicht für das Personalmanagement in den nächsten fünf Jahren von besonderer Bedeutung
sein?"

Antwort: „Personalentwicklung als Führungsaufgabe begreifen und wahrnehmen
– und zwar auch unter dem Aspekt des Weges der kleinen Schritte,
nicht nur vertikal sonder auch horizontal. Diversitymanagement auf allen Ebenen leben und transparent machen, was dies bedeutet und welche Vorteile es birgt. Emotionale Entlastung – gerade in unserem Arbeitsbereich ist die Belastung auf psychosozialer Ebene sehr hoch. Wir
haben durch eine wissenschaftliche Begleitung festgestellt, dass bei allen Widrigkeiten um die Institution die Mitarbeiterschaft hoch motiviert ist, Interesse an Fortbildung trotz hoher Arbeitsbelastung hat,
vielfach aber emotional Kompensationsmöglichkeiten fehlen – hier gilt
es Ideen zu entwickeln."

Frage: „Welche Bedeutung sehen Sie in dem Begriff der 'Lernenden Organisation'?

Antwort: „Stillstand ist Rückschritt! Die Arbeitsanforderungen unterliegen ständigen Veränderungen, die Belegschaft verändert sich im gesellschaftlichen Kontext (z.B. „Reifegrad" eines Anfang 20-jährigen ist heute geringer als noch vor 15 Jahren) – um Ziele erreichen zu können, ist es
aus meiner Sicht z.B. auch erforderlich, dass die Rahmenbedingungen
stimmen. Hieraus ergibt sich die Erforderlichkeit eines ständigen An-
passungsprozesses ==> Lernprozesses. Herausforderung ist für mich

hierbei trotzdem Kontinuität und das Gefühl von Sicherheit (ohne in Starre/Inflexibilität zu verfallen) zu vermitteln."

2.4 Ausgewählte Konzepte des Personalmanagements

2.4.1 Strategisches Personalmanagement

Eine Strategie ist ein längerfristig ausgerichtetes planvolles Anstreben einer vorteilhaften Lage oder eines Ziels. Sowohl der Begriff Strategie als auch der Begriff Strategem stammen aus dem Griechischen und bedeuteten dort ursprünglich Heeresführung. In der Betriebswirtschaft bildet das strategische Management kein in sich geschlossenes, homogenes Konzept ab. Mit Blick auf das Personalmanagement lassen sich jedoch vier Anforderungen formulieren, die als charakteristisch für dieses Konzept bezeichnet werden können:

- die Betrachtung der Mitarbeitenden als ‚strategische Ressource', als wichtige Grundlage für den Organisationserfolg
- die Orientierung des Personalmanagements an den Herausforderungen im Organisationskontext und im Organisationsumfeld
- die kontinuierliche Verbesserung des Instrumentariums des Personalmanagements
- der tatsächliche Erfolgsbeitrag des Personalmanagements (vgl. DGFP 2006: 27).

2.4.2 Integriertes Personalmanagement

Hilb leitet sein Konzept des integrierten Personalmanagements von folgenden Schwachpunkten der Praxis des Personalmanagements ab: ungenügende Ausrichtung des Personalmanagements auf ein Leitbild, mangelnde horizontale Ausrichtung der Personalmanagementfunktionen, fehlender Einbezug von Führungskräften und Mitarbeiterinnen und Mitarbeitern bei der Entwicklung und Umsetzung von Personalmanagementkonzepten sowie zu wenige objektive Erfolgsfaktoren der Aktivitäten des Personalmanagements (vgl. Hilb 2005: 3).

Der Ansatz charakterisiert sich durch folgende Bestandteile:

▪ Die Organisationsvision ist wichtig für die Gestaltung des Personalmanagements

▪ Kreislaufkonzeption von Handlungsfeldern der Personalgewinnung, der Personalbeurteilung, der Personalhonorierung und der Personalentwicklung sowie

▪ eine integrierende innerbetriebliche Kommunikation, Kooperation und Erfolgsevaluation.

2.4.3   Flexibilitätsorientiertes Personalmanagement

Grundlage des flexibilitätsorientierten Personalmanagements ist die Kritik an einem Personalmanagement, das sich bei Konjunkturschwankungen auf Maßnahmen konzentriert, die nur kurzfristig und unmittelbar Kostenwirkungen zeigen. Mitarbeitende, die während eines Konjunkturrückgangs abgebaut werden, fehlen bei einem Konjunkturumschwung. Für Mitarbeitende, die in einem Konjunkturhoch eingestellt wurden, steht beim Konjunkturrückgang nicht ausreichend Arbeit zur Verfügung. Erschwerend kommt die Problematik hinzu, dass erfolgreiche Mitarbeitende sowohl bei Kündigungs- als auch Überkapazitätssituationen freiwillig ausscheiden und später den Organisationen als Erfolgsfaktoren fehlen (vgl. Böhm 2006: 9).

Das flexibilitätsorientierte Personalmanagement versteht sich als Deeskalationskonzept. „Das flexibilitätsorientierte Personalmanagement wird hier als eine personalpolitische Strategie verstanden, die Personalinstrumente – orientiert an der spezifischen Unternehmensorganisation – so einsetzt, dass sie durch eine frühzeitige Flexibilisierung von Kapazitäten, Kosten und Qualifikationen deeskalierend wirken" (DGFP 2006: 20).

Damit beansprucht dieses Konzept, mehr als kurzfristige und reagierende Belegschaftsauf- und -abbaumaßnahmen zu realisieren. Im Zentrum steht ein strategisches Personalmanagementverständnis und ein Konzept an Instrumenten, das eine Personalkapazitäts- und Personalkostenflexibilisierung unterstützt.

Personalwirtschaftliche Instrumente werden hinsichtlich einer abschließenden (i. S. einer finalen endgültigen Wirkung) und einer wiederholbaren Flexibilisierungswirkung unterschieden. Beide Kategorien sind nach der Kernidee dieses Ansatzes notwendig, um einerseits situativ, andererseits nachhaltig handeln zu können.

Darüber hinaus wird eine Abstimmung zur Organisationssituationsanalyse vorgenommen. Hier werden folgende Phasen identifiziert: Normalphase, Stagnationsphase, Bedrohungsphase, Krisenphase, Wachstumsphase, Boomphase oder

Überlastungsphase. Neben der engen Einbindung eines aktiven Veränderungs-managements erhalten das Kooperationsmanagement und das Controlling-konzept eine wichtige Bedeutung.

Das flexibilitätsorientierte Konzept versteht sich als Weiterentwicklung und Differenzierung des strategischen Personalmanagements. Neben den notwendigen Schritten der strategischen Planung soll es bei der Auswahl geeigneter Instrumente des Personalmanagements helfen, um nachhaltigen Organisationserfolg zu sichern.

2.4.4 Praxisinterview: Personalkonzepte in der Praxis

Frage: „Können Sie kurz Ihre Einrichtung beschreiben?"

Antwort: „Ich leite einen Ev.-luth. Kindergarten inklusive Familienzentrum. Der Kindergarten bzw. das Familienzentrum bietet neben der originären Aufgabe der Bildung, Erziehung und Betreuung von Kindern im Alter zwischen 3-6 Jahren weitere Angebote für Familien des Sozialraums, z.B. Hausaufgabenhilfe von älteren Schülern für Grundschüler, Kooperation mit Kindertagespflege (Randzeitenbetreuung in den Räumen der Kita), Sprechstunde der Erziehungsberatung, Frauenfrühstück, verschiedene Gruppenangebote (Yoga, Treffen für Alleinerziehende, Walkinggruppe, Betreuung von an Demenz erkrankten Menschen durch einen Pflegedienst), Babysitterausbildung und -vermittlung, um einen Teil der Angebote für die Familien zu nennen. Mein „inneres Bild" der Einrichtung ist das eines Hauses, unter dessen Dach Familien verschiedene Angebote vorfinden.... Bildung, Erziehung und Betreuung ihrer Kinder, aber auch Angebote für die Geschwister, Eltern oder Großeltern."

Frage: „Gibt es in Ihrer Einrichtung ein schriftlich festgehaltenes Konzept für das Personalmanagement?"

Antwort: „Nein, es gibt kein schriftlich festgehaltenes Konzept, nur vereinzelte Bausteine. Z.B. ist in den Arbeitsverträgen der MitarbeiterInnen die Verpflichtung zur regelmäßigen Teilnahme an Fortbildungsveranstaltungen festgehalten. 2007 wurden – durch den Träger initiiert – Mitarbeiterjahresgespräche eingeführt. Zielvereinbarungen sind allerdings nur auf freiwilliger Basis möglich. Im Rahmen der Qualitätsentwicklung ist Personalentwicklung auch ein Thema, aber es fehlt ein verbindliches schriftliches Konzept!"

Frage: „Wenn nein, würden Sie ein solches schriftliches Konzept für sinnvoll erachten? Was sollte ein solches Konzept enthalten?"

Antwort: „Ich würde ein solches schriftliches Konzept sehr begrüßen! Darin sollten sämtliche Anforderungen, Aufgaben und Erwartungen an das Personal der Einrichtung beschrieben werden, die für die Erfüllung des gesetzlichen (Bildungs-) Auftrags erforderlich sind (entsprechend des Aufgabenbereichs, inkl. spezifischer Erwartungen des Trägers), Maßnahmen zur Personalentwicklung sowie alle Regelungen zu internen Abläufen in Bezug auf Personalangelegenheiten sollten formuliert und beschrieben sein."

3 Ausgewählte Gestaltungsfelder des Personalmanagements

Die Gestaltungsfelder des Personalmanagements, die oft auch als Funktionsfelder (vgl. Klimecki, Gmür 2005) oder Handlungsfelder (vgl. Lerche et al. 2001) bezeichnet werden, können unterschiedlich gegliedert werden. Möglich ist z.B. eine Gliederung nach den Zeiten der Mitarbeit in einer Organisation (Gewinnung, Eintritt, Entwicklung, Austritt). Klimecki und Gmür (2005) wählen eine andere Gliederung: Sie unterscheiden Personalaktivierung, Personallenkung und Personalbindung. Die hier gewählte Form der Gliederung unterscheidet die quantitative und qualitative Personalarbeit der Praxis. Die verschiedenen Gestaltungsfelder werden umrissen. Es ist das Ziel, die Grundlagen für eine Sicht auf das Gesamtspektrum personalwirtschaftlicher Handlungsfelder zu legen sowie die Wirkungszusammenhänge zu verdeutlichen.

3.1 Personalplanung und Personaleinsatz

3.1.1 Personalplanung

Die Personalplanung umfasst die Planung des notwendigen und effektiven Personalbedarfs, der Personalausstattung und des Personaleinsatzes. Es ist ihr Ziel, die Bereitstellung des Personals in bestmöglicher quantitativer und qualitativer Hinsicht zur Leistungserstellung sicherzustellen.

Dem Thema Personalplanung werden folgende Aufgabenbereiche zugeordnet:
- Personalbedarfsplanung
- Personalbeschaffungsplanung
- Personaleinsatzplanung
- Personalentwicklungsplanung
- Personalkostenplanung
- Freisetzungs- und Abbauplanung.

Die Planungsaufgabe liegt damit quer zu allen Funktionsfeldern des Personalmanagements, d.h., sie berührt alle Handlungsfelder und legt im Idealfall die Basis für das aktive Personalmanagement.
    Die strategische Planung richtet sich auf Zeiträume aus, die mehr als ein Jahr, meist vier oder mehr Jahre umfassen. Ihr stehen operative Planungsprozesse gegenüber, die diese eher mittel- bis langfristigen strategischen Planungen durch Handlungen umsetzen.

Planung erfüllt sieben Grundfunktionen:
1. Effizienzsteigerung
2. Chancen- und Risikoerkenntnis
3. Transparenzfunktion
4. Flexibilitätserhöhung / Erhöhung von Handlungsspielräumen
5. Synergiefunktion / Ermöglichen von Maßnahmen zur Synergie
6. Kreativitäts- und Innovationsfunktion
7. Motivationsfunktion.

Die Personalbedarfsplanung bezieht ihre Informationsgrundlagen aus vielfältigen Entscheidungsbereichen, die weit über das Personalmanagement hinausgehen. Neben den externen Rahmenbedingungen (z.B. Gesetze, Veränderungen der Zielgruppen) sind es vier Entscheidungsbereiche, die in den Personalbedarfsplanungen Berücksichtigung finden sollten: (vgl. Klimecki, Gmür 2005: 401)

1. Ziele und Restriktionen aus den sozialwirtschaftlichen Entscheidungsbereichen:
   - Organisation (Organisationsstruktur, Stellenbeschreibungen, Organisationskultur)
   - Personal (Personalbestand, Fluktuation, Fehlzeiten, individuelle Entwicklungsziele)
2. Ziele und Restriktionen aus finanzwirtschaftlichen Entscheidungsbereichen:
   - Liquidität, Fördermittel und Zuwendungen, Spenden und Beiträge
3. Ziele und Restriktionen aus technologiewirtschaftlichen Entscheidungsbereichen:
   - Produktivität, Arbeitsmittel
4. Ziele und Restriktionen aus leistungsprozessbezogenen Entscheidungsbereichen:
   - Quantität und Qualität der Leistungsprozesse (Ausweitung, Einschränkung)
   - Bestimmung des Entwicklungsgleichgewichts der Organisation (Stabilisierend oder flexibilisierend).

Deutlich wird, dass diese Planungsprozesse sehr komplex sind. Mit Blick auf die Personalkosten einerseits und einem hohen Professionalisierungsanspruch andererseits wird hier deutlich, wie das Personalmanagement auf den Erfolg von Organisationen Einfluss einnehmen kann.

3.1.2 Personaleinsatz

Mit dem Personaleinsatz werden die Mitarbeiterinnen und Mitarbeiter auf die verfügbaren Stellen oder die Arbeitsplätze einer Organisation in vier Dimensionen zugeordnet: in qualitativer, in quantitativer, in zeitlicher und in räumlicher Hinsicht. Der Bereich des Personaleinsatzes umfasst die Einführung von neuem Personal (hauptamtliches wie auch neben- bzw. ehrenamtliches Personal) und endet mit dem Ausscheiden der Mitarbeitenden aus der Organisation.

Voraussetzung für eine optimale Personalzuordnung sind geeignete Arbeitsbedingungen (z.B. Arbeitszeitgestaltung) und eindeutige organisatorische Strukturen und Systeme (z.B. Anforderungsprofile für die Arbeitsplätze). Es ist das Ziel, eine bestmögliche Übereinstimmung von den Anforderungen der Arbeitsplätze und den Fähigkeiten der Mitarbeitenden nachhaltig zu erreichen.

Entscheidungsfelder des Personaleinsatzes sind die Einführung und die Einarbeitung, die Aufgaben- und Arbeitsplatzgestaltung, die Arbeitsplanung, der Arbeits- und Gesundheitsschutz wie auch die Arbeitszeitgestaltung und auch die Gestaltung des Austritts aus der Organisation.

Allgemein formuliert, ist der Personaleinsatz immer eine Balance zwischen der Anpassung des Personals an die Arbeit einerseits und die Anpassung der Arbeit an das Personal andererseits. Der Personaleinsatz übt einen starken Einfluss auf Motivation und Leistung aus. Dieses gilt in vielen Bereichen der Sozialen Arbeit, in denen die physischen und psychischen Belastungen sehr hoch sind.

3.2 Personalbindung und Anreizsysteme

3.2.1 Personalbindung

Die Personalerhaltung beinhaltet diejenigen Maßnahmen und Instrumente, die notwendig sind, um das vorhandene Personal an die Organisation weiterhin zu binden und zu verhindern, dass es zu Austrittsentscheidungen kommt. Hier stehen insbesondere organisationsspezifisch qualifizierte Mitarbeitende im Blick. Wenn Bindungsmaßnahmen fehlen, riskieren Organisationen hohe Motivationsverluste durch z.B. hohe Fehlzeitenquoten oder geringe Leistungsbereitschaft) sowie auch Qualifikationsverluste (wie z.B. langwierige Einarbeitung neuer Mitarbeitender, hohe Investitionen in den Aufbau organisationsspezifischen Wissens bei neuen Mitarbeitenden).

Die Personalbindung hängt eng mit der Anreizgestaltung zusammen. Die Mitarbeiterbindung folgt chronologisch der Personalgewinnung und Personalauswahl und begleitet im Ideal aktiv (i.S. von nicht-reaktiv!) den gesamten Zeitraum des Personaleinsatzes in der Organisation. Um zu verhindern, dass es zu Personalaustrittsentscheidungen seitens der Mitarbeitenden kommt, ist die Bindung bzw. die Erhaltung des Personals ein wichtiges Ziel der Organisation, um organisationsspezifisches Wissen nicht zu verlieren. Die Personalerhaltung bzw. die Personalbindung (beide Begriffe werden oft synonym verwendet) beinhaltet damit die Maßnahmen und Instrumente, die notwendig sind, um das vorhandene Personal an eine Organisation weiterhin zu binden und zu verhindern, dass es zu Austrittsentscheidungen kommt.

Das Ziel der Personalbindung ist die Erhaltung von Engagement und Kompetenzen des Personals für die Realisierung der Organisationsziele.

Die motivationale Personalbindung umfasst alle Funktionen und Instrumente mit denen die Wahrscheinlichkeit des Verbleibs von Mitarbeitenden in Organisationen erhöht bzw. auf einem hohen Niveau gehalten werden sollen. Sie verfolgt den langfristigen Aspekt der Verhinderung von Fluktuation und einen kurzfristigen Aspekt der Minimierung von Fehlzeiten (vgl. Klimecki, Gmür 2005: 332). Fehlzeiten und Kündigungen seitens der Arbeitnehmenden werden als objektives Kriterium für Unzufriedenheit eingeschätzt (vgl. Hentze et. al. 2005: 160).

Mit dem Begriff Motiv wird eine Verhaltensbereitschaft verstanden, die latent vorhanden ist. Unter Motivation wird als aktivierte Verhaltensbereitschaft eines Individuums im Hinblick auf die Erreichung bestimmter Ziele verstanden.

Anreize sind situative Bedingungen, die aufgrund einer gegebenen Bedürfnisstruktur bzw. inhaltlichen Arbeitsmotivation Aufforderungscharakter für die Mitglieder einer Organisation ausüben (vgl. Knorr 2001: 159). Damit hat ein Anreiz zwei Aufgaben: Zum einen ist er Bestandteil der wahrgenommenen Situation, der Motive (von Mitgliedern der Organisation) aktiviert, und zum anderen führt er, wenn die durch ihn motivierte Persona ihre Bedürfnisse befriedigt hat, zur Zufriedenheit (vgl. Hentze 1995: 64).

3.2.2 Anreizsysteme

Die Anreizgestaltung umfasst die Gesamtheit der Anreize, die den Mitarbeiterinnen und Mitarbeitern von und in der Organisation gewährten materiellen und immateriellen Anreize, die für die Mitarbeitenden einen erlebbaren Wert (Anreizwert, Befriedigungswert oder Nutzen) besitzen.

Sie verfolgt das Ziel, eine möglichst hohe Attraktivität der Anreize bzw. Anreizpakete für die in der Organisation tätigen Menschen zu entwickeln.

Konkrete Ziele der Anreizgestaltung sind:

- Die Teilnahmeentscheidung aller Mitarbeitenden zu fördern.
- Das Verhalten zu steuern: positive Beeinflussung des Arbeitsverhaltens im Sinne der Organisationsziele (quantitativ und qualitativ).
- Die Bindung der Mitarbeiterinnen und Mitarbeiter an die Organisation zu fördern.
- Die Zufriedenheit zu fördern durch Gleichbehandlung.
- Eine bessere Kooperation der Mitarbeitenden zu erwirken.

Alle aufgeführten Ziele beziehen sich nicht nur auf nichthauptamtliche Mitarbeiterinnen und Mitarbeiter, sondern beziehen auch andere Organisationsteilnehmerinnen und -teilnehmer ein (vgl. Effinger 2000: 49).

Damit ermöglicht die Anreizgestaltung eine aktive Lenkung des Verhaltens der Mitarbeitenden in der Organisation und verfolgt das Ziel, die Ziele der Organisation und die individuellen Ziele des Personals in Übereinstimmung zu bringen. Organisationale Anreizsysteme kennzeichnen sich durch ihre bewusste Gestaltung und ihren Zielcharakter. Oft vergessen, aber gleichwohl existent sind Anreize, die nicht bewusst seitens der Organisation bereitgestellt werden.

Weiterhin kann unterschieden werden, ob die Anreizempfänger Individuen, Gruppen und/oder die Gesamtorganisation sind. Zu den *materielle Anreizen* gehören z.B. der Lohn bzw. das Gehalt, Erfolgsbeteiligungen, Leistungszulagen sowie die betrieblichen Sozialleistungen. Zu den *immaterielle Anreizen* gehören z.B. die Sinnhaftigkeit der Aufgabe und die Arbeitsinhalte, die Arbeitsplatzgestaltung, Personalentwicklungsmöglichkeiten und Aufstiegsmöglichkeiten, die soziale Kommunikation in der Organisation, Gruppenmitgliedschaft und Teamstrukturen, die Personalführung, die Arbeitszeit- und Pausenregelung, Ausmaß der Möglichkeiten eigene Ideen einzubringen wie aber z.B. auch alle Rahmenbedingungen, die eine Vereinbarung von Familie und Beruf unterstützen.

Becker differenziert die Anreizsysteme wie folgt (vgl. Becker 2002: 14f.):

- Ein Anreizsystem im *weitesten* Sinne: Verhaltensbeeinflussende Stimuli gehen stets von den vorhandenen innerorganisationalen Bedingungen aus. Auf dieser Ebene konstituiert sich ein Anreizsystem durch jede strukturelle, prozessuale und operative Entscheidung sowie deren Umsetzung – und das unabhängig davon, ob die damit verbundenen Anreizwirkungen bewusst oder unbewusst beziehungsweise gewollt oder ungewollt sind: Die Organisation *ist* ein Anreizsystem.
- Ein Anreizsystem im *weiteren* Sinne: Neben einem Planungs-, Organisations-, Kontroll- sowie Personalsystem besteht auch ein Anreizsystem. Diese dienen als Führungsinstrumente zur Generierung wie auch Umsetzung der

Ziele der Organisation. Auf dieser Ebene richten sich Anreizsysteme durch eine zielgerichtete Gestaltung auf die Motivation der Mitarbeitenden. Die Organisation *hat* ein Anreizsystem.

- Ein Anreizsystem im *engeren* Sinne: Aus der generellen Systemgestaltung werden zeitspezifisch individuelle Anreizpläne für die einzelnen Mitarbeitenden abgeleitet. Sie stellen auf der dritten Ebene das Anreizsystem dar, welches sich konkret auf einzelne Mitarbeitende richtet. Die Organisation *setzt* individuelle Anreizsysteme *ein*.

In Organisationen der Sozialen Arbeit stellt die Anforderung einer Anreizsystematik eine große Herausforderung dar: Zum einem sind ihre Fachkräfte, die über umfangreiche Fach-, Sozial und personale Ressourcen verfügen, besonders erfolgswirksam i.S. einer erfolgskritischen Größe für die Organisation. Zum anderen ist der Anteil der Personalkosten an den Gesamtaufwendungen sehr hoch und ungewünschte Austritte dieses Personenkreises sind nur sehr kostenintensiv für die Organisationen zu bewältigen.

Zu den monetären Anreizen gehören u.a. die Entgeltgestaltung, eine Erfolgsbeteiligung sowie auch die betrieblichen Sozialleistungen. Als Beispiele für nicht-monetäre Anreize sind die Personalentwicklung, die soziale Kommunikation, die Gruppenmitgliedschaft, die Führung, Arbeitszeit- und Pausenregelungen, Arbeitsinhalte sowie auch die Arbeitsplatzgestaltung zu nennen. Das Ideenmanagement (früher auch das betriebliche Vorschlagswesen genannt) wird beiden Dimensionen zugeordnet (vgl. Hentze 1995: 65).

Bei extrinsischen Anreizen dient der Anreiz als Mittel zum Zweck, während bei intrinsischen Anreizen der Anreiz selbst einen eigenständigen Befriedigungswert innehat.

Die Intention von organisationalen Anreizsystemen besteht darin, dass alle Mitarbeitenden in Erwartung der angebotenen Anreize Handlungen so ausführen, dass sie mittelbar zum Organisationserfolg beitragen. Damit kommt den Handlungen der Mitarbeitenden eine zentrale Bedeutung bei der Beurteilung der Effizienz von Anreizsystemen zu (vgl. Wischer 2005: 405).

Anreizpakete verfolgen folgende Ziele:
- die Teilnahmeentscheidung der Mitarbeitenden zu fördern,
- das Verhalten zu steuern: positive Beeinflussung des Arbeitsverhaltens im Sinne der Organisationsziele (quantitativ und qualitativ)
- die Bindung der Mitarbeitenden an die Organisation zu fördern
- die Zufriedenheit zu fördern durch Gleichbehandlung
- bessere Kooperation zu erwirken.

Bindungsfaktoren	
Motivationsfaktoren	**Ansatzpunkte zur Stärkung der Bindung**
Aufgaben	Steigerung der Abwechslung durch Job Rotation, qualitative Bereicherung durch Job-Enrichment, quantitative Bereicherung durch Job-Enlargement
Entwicklungsmöglichkeiten	Personalentwicklungsmaßnahmen (z.B. Weiterbildungsprogramme, Mentorkonzepte, Seminare, Workshops…)
Sinnhaftigkeit	Einbindung der Mitarbeitenden bei Erstellung/Überarbeitung von Organisationsleitbild, Organisationsstrategien, Ziele
Sicherheit	Transparenz über Beurteilungssysteme, Entwicklungsmöglichkeiten und Organisationssituation, Zielvereinbarungen
Selbstbestimmung	Strukturen, die Entscheidungsspielräume geben
Vergütung	Transparente Entgeltsysteme, Leistungshonorierung
Team / Klima	Teamentwicklungstrainings, Kollegiale Beratung, Führungskräftetrainings
Emotionale Bindung	Coaching, Supervision, Kollegiale Beratung

Abbildung 1:   Bindungsfaktoren und Beispiele für personalwirtschaftliche Ansatzpunkte (Quelle: in Anlehnung an Niermeyer, Seyffert 2002: 116).

Ansatzpunkte zur Bindung von Mitarbeitenden lassen sich im Aufgabenfeld des Personalmanagements differenziert manifestieren. Abbildung 1 stellt wichtige Motivationsfaktoren und beispielhafte Ansatzpunkte zur Stärkung der Bindung im Aufgabenfeld des Personalmanagements als Überblick dar.

Die Bestimmung der Effizienz von Anreizsystemen ist grundsätzlich problematisch. Insbesondere der Einfluss von Anreizsystemen auf den Organisationserfolg und die Einflussmöglichkeiten dieses Instruments auf die Handlungen der Mitarbeiterinnen und Mitarbeiter sind aufgrund der Komplexität menschlichen Verhaltens nur schwer zu bestimmen (vgl. Wischer 2005: 405f.).

3.2.3 Werte und emotionale Bindung

Selbstverständlich gibt es in keiner Organisation ein absolut werteloses bzw. werteneutrales Personalmanagement. Werte werden bewusst und unbewusst in jeder Organisation erlebt und gelebt. Nichtsdestotrotz bleibt die grundlegende Frage offen, welche Werte grundsätzlich den Arbeitsalltag bestimmen und welche Werteorientierung auf der Seite der Leitungsebene als Multiplikator gefordert werden. Was motiviert Menschen, in Organisationen zu arbeiten?

Niermeyer und Seyffert beschreiben drei Irrtümer zur Motivation (vgl. Niermeyer, Seyffert 2002: 8ff.)

- Irrtum Nr. 1: Die einen sind motiviert, die anderen nicht. Motivation ist keine Eigenschaft, sondern vielmehr das Ergebnis eines Prozesses. Das Ergebnis des Motivationsprozesses wird von sehr unterschiedlichen Einflussfaktoren bestimmt.
- Irrtum Nr. 2: Motivation ist Manipulation. Motivation entsteht durch Entwicklungsmöglichkeiten und gute Rahmenbedingungen wie z.B. durch wahrgenommene Transparenz und Fairness.
- Irrtum Nr. 3: Nichts motiviert besser als Geld.

Über Geld allein zu motivieren ist sehr kostenintensiv. Ein Fokus auf Geld verschließt den Blick auf andere Möglichkeiten, Mitarbeitende zu motivieren. Der Fokus auf das Entgelt verengt die Möglichkeiten und das Spektrum weiterer Mitarbeiterbindungsmaßnahmen.

Eine emotionale Bindung an eine Organisation entsteht dadurch, dass die Mitarbeitenden (Hauptamtliche, Nebenamtliche, Freiwillige) ein Vertrauen aufbauen. Dieses Vertrauen wird durch überwiegend konstant positive Erfahrungen mit fairem und gerechtem Umgang in der Organisation unterstützt. Diese Erfahrungen erfolgen im Zeitablauf der Mitgliedschaft in einer Organisation. Besonders sensible Phasen sind die Einführung (vgl. Punkt 3.3) sowie die Phase nach der Etablierung und Positionierung, wenn erste relevante Erlebnisse von Misserfolg bzw. dem Erleben von deutlichen Problemen deutlich werden. Diese Werteorientierung benötigt Zeit, d.h. eine längerfristige Möglichkeit des Beobachtens, des Erfahrens und des Erlebens. Die emotionale Identifikation mit der eigenen Tätigkeit, mit den Zielen der Organisation, mit dem Leitbild wie auch dem Leistungsangebot lässt sich unter den Begriff der intrinsischen Motivation fassen. Für viele Mitarbeitende einer NPO spielen diese Komponenten oft eine größere Rolle als die monetäre Vergütung. Der hohe Anteil dieser emotionalen Komponente kann deshalb auch die oftmals niedrigeren Vergütungshöhen aufwiegen (vgl. Drost 2007: 71).

Die emotionale Bindung von Mitarbeitenden an die Organisation erscheint bei oberflächlicher Betrachtung als ressourcensparende und kostengünstigere Art der Mitarbeiterbindung, weil sie stärker von immateriellen Werten als von pekuniären Faktoren bestimmt wird.

Organisationen aus dem Gesundheits- und Sozialbereich stehen gegenwärtig unter einem deutlichen Erfolgsdruck: Zunehmender Wettbewerb, zunehmend enger werdende finanzielle Spielräume und eine deutlich erhöhte Anforderung an die Qualität und die Dokumentation dieser. Diese Faktoren führen oft zu einer eher kurzfristigen Ergebnismessung und lassen aus der Sicht von Mitarbeitenden Werte oft nicht mehr als stabile und damit längerfristige Positionierung erkennen.

Ein weiterer Aspekt ist die Zielgruppe von Anreizsystemen: Zu differenzieren ist die Zielgruppe derer, die im Zentrum der Bindungsbemühungen in Organisationen stehen. Ein Motivationsverlust von Leistungsträgerinnen und Leistungsträgern trifft die Organisationen sehr: Aufgrund der bei diesem Personenkreis anzunehmenden Multiplikatorenwirkung führt dies oft zu einem prozentual höheren Leistungsrückgang in der Organisation.

Bindungsmaßnahmen sind erfolgreich, wenn die Gesamtheit der wahrgenommen Vorteile des Verbleibs in einer Organisation die des Wechsels zu einem anderen Arbeitgeber übersteigt – und dies insbesondere bei den Leistungsträgerinnen und Leistungsträgern. Mitarbeitende (auch Führungskräfte!) wägen ab: Auf der einen Seite steht die emotionale Bindung inkl. aller wahrgenommenen Werte und auf der anderen Seite mögliche Entgeltvorteile und die Kosten des Austritts (Aufwand in die bisherige Einarbeitung, das Erkämpfen einer Position im Unternehmen, dem Verlust von Pensionsansprüchen, dem Arbeitsplatzverlust, dem temporären Einkommensverzicht).

3.3   Einführung neuer Mitarbeiterinnen und Mitarbeiter

Die Personaleinführung (oft auch Einarbeitung oder Eingliederung neuer Mitarbeitender) umfasst zum einen die Einarbeitung in die eigentliche Arbeitsaufgabe,
zum anderen aber auch die soziale Eingliederung in das Arbeitsumfeld. Zu diesem gehört sowohl die direkte Arbeitsgruppe, das Team und der Arbeitsbereich,
angrenzende Organisationsbereiche sowie auch das gesamte Sozialsystem einer
Organisation. Hölzle führt aus, dass das Thema Einarbeitung noch immer in
Theorie und Praxis oft vernachlässigt wird. Sie hebt die Bedeutung dieser ersten
Personalentwicklungsmaßnahme für die Motivation und Identifikation mit der
Organisation heraus (vgl. Hölzle 2006: 15).

Bereits Schanz formulierte: „Verglichen mit den Bemühungen, ‚geeignete'
Mitarbeiter zu finden (…) , wird den Problemen der Eingliederung von neuen
Mitarbeitern in Wirtschafts- und Verwaltungsorganisationen wesentlich weniger
Beachtung geschenkt. In Anbetracht der Bedeutung, die den ersten Tagen, Wochen und ggf. auch Monaten für das spätere Leistungsverhalten zukommt, aber
auch angesichts des Tatbestands, dass die Fluktuationsrate von neu eingestellten
Mitarbeitern erfahrungsgemäß um ein Vielfaches höher ist als die der schon länger beschäftigten, erscheint die offensichtliche Geringschätzung des Eingliede-
rungsprozesses ungerechtfertigt" (Schanz 2000: 397).

Als Ziele von Einführungsprogrammen sind zu nennen:
- Einführung und Einarbeitung der Mitarbeitenden in die ihnen übertragenen
  Aufgaben
- Beseitigung von Kenntnis- bzw. Fertigkeitsdefiziten
- „Vertrautmachen" mit der neuen Umgebung
- Förderung der Identifikation der Mitarbeitenden mit den Organisationszielen
- Einführung in die Organisationskultur.

Systematische Einführungsprogramme beinhalten geplante und strukturierte Mitarbeitergespräche, den geplanten Einsatz von Informationsmaterialien und können auch durch Mentorinnen und Mentoren unterstützt werden.

Ein weiterer Aspekt, der oft eher eine untergeordnete Rolle bei der Personaleinführung spielt, ist die dreifache Win-Win-Win-Situation aus umfassenden
Einführungsprogrammen: Nicht nur neue Mitarbeitende und die Organisation
gewinnen jeweils durch eine enge Bindung und schnelle Eingewöhnung, sondern
auch die Rückmeldungen von neuen Mitarbeitenden sind gewinnbringend.

Vor dem Hintergrund der sich zunehmend schnell verändernden Rahmenbedingungen, Strukturen und der Prozesse in Organisationen, ist die Aktivierung
des Innovationspotenzials neuer Mitarbeiterinnen und Mitarbeiter nicht zu unter-

schätzen. Sinnvoll – gerade in Organisationen der Sozialen Arbeit – sind Innovationsgespräche, die neuen Mitarbeitenden Gelegenheiten geben sollten, ihre Ideen, Rückmeldungen und Innovationsimpulse umfassend in die Organisation einbringen zu können.

3.4 Arbeitszeitgestaltung

3.4.1 Arbeitszeitflexibilisierung

Die Arbeitszeit umfasst die Zeit, die Arbeitnehmende pro Tag, Monat, Woche oder Jahr einer Organisation ihre Arbeitskraft vertraglich gegen Entgelt zur Verfügung stellen. Die Betriebszeit dagegen umfasst die Zeit, in der eine Organisation ihre Arbeitsplätze und Betriebsmittel nutzt. Diese Unterscheidung bildet die Grundlage der Diskussion um die Arbeitszeitgestaltung. Marr definiert das Arbeitszeitmanagement wie folgt: „Arbeitszeitmanagement ist die Gestaltung des betrieblichen Arbeitszeitsystems zur Harmonisierung von Arbeitszeitbedarf und Arbeitszeitangebot nach Maßgabe der Kriterien der ökonomischen und sozialen Effizienz und im Rahmen der durch Gesetz und Tarifvertrag festgelegten Spielräume" (Marr 1993: 10).

Wann immer in einer Organisation die Betriebszeiten nicht mit den individuellen Arbeitszeiten der Beschäftigten übereinstimmen, ist eine Gestaltung der Arbeitszeit notwendig. Hierbei ist insbesondere das Arbeitszeitgesetz (ArbZG) zu beachten. Die Bestimmungen des Arbeitszeitgesetzes regeln u.a. die Höchstdauer der Arbeitszeit. Das ArbZG lässt Abweichungen durch tarifvertragliche Regelungen zu, so dass sich die Arbeitszeit in der Praxis – soweit vorhanden – weitestgehend nach entsprechenden tariflichen Vorschriften bestimmt.

Folgende Zielsetzungen werden mit einer Neugestaltung der Arbeitszeit verfolgt:
- Erhöhung der Zufriedenheit der Zielgruppe bzw. der Nutzungsmöglichkeiten der Leistungen durch die Zielgruppe
- Erhöhung der Effizienz und Effektivität der Organisation
- Bessere Qualität der Dienstleistungen
- Mehr Engagement und bessere Leistungen der Beschäftigten durch ein effektiveres Personalmanagement und eine größere Flexibilität der Mitarbeitenden.

Der Begriff Flexibilität ist gesellschaftlich allgemein positiv besetzt und ein Modebegriff seit mehr als einem Jahrzehnt. Flexibilität bezeichnet die Fähigkeit einer Organisation, sich den Veränderungen der In- und Umwelt so effizient und effektiv wie möglich anzupassen. Diese Veränderungsfähigkeit erfordert neben einer Außenperspektive auch den Blickpunkt in die Organisation hinein: auch und insbesondere sollen – so die Forderung – die inneren Strukturen der Organisation so flexibel sein, um die Anpassung an neue Anforderungen zu ermöglichen. Diese Fähigkeit wird auch auf die Gestaltung der Arbeitszeit in Organisationen zu bezogen:

Die Arbeitszeitflexibilisierung beinhaltet eine
- organisationale und individuelle variable, differenzierte Gestaltung der Lage und Dauer der Arbeitszeit (Arbeitszeitstrukturen), die
- im Hinblick auf den organisationalen, individuellen und gesellschaftlichen Nutzen (konsens- und komplementärorientierte variable Arbeitszeit),
- in Übereinstimmung mit den veränderten wirtschaftlichen, technischen, sozialen/ gesellschaftlichen und rechtlichen Anforderungen steht (vgl. Ergenzinger 1993: 185).

Arbeitszeitflexibilisierung dient als Oberbegriff für alle Formen der Arbeitszeitgestaltung mit veränderlicher Dauer und Lage der Arbeitszeit.

Die so genannte ‚klassische Ordnung der betrieblichen Arbeitszeit' (i.S. einer bisherigen und ‚veralteten' Arbeitszeitgestaltung) kann in vier Dimensionen beschrieben werden (vgl. Knorr 2001: 132):
- Uniformität der Arbeitsbedingungen: Die Mitarbeitenden haben sich bestimmten Arbeitszeitmustern zu unterwerfen, wobei die Muster für alle weitgehend gleich sind.
- Gleichzeitigkeit der Anwesenheit für alle Mitarbeitenden, pünktlicher Arbeitsbeginn: Mehrere Personen sind in einen interdependenten Arbeitsablauf eingebunden, die Fehlzeit des einen führt zur Last des anderen.
- Fremdbestimmung der Arbeitszeitstrukturen: Festlegung der Arbeitszeitstrukturen durch die Leitung in Einklang mit den gesetzlichen und arbeitszeitrechtlichen Rahmenbedingungen.
- Gleichheit von Arbeitszeit und Betriebszeit: Die Arbeitszeit entspricht der Betriebszeit. Eine Arbeitszeitverkürzung bedeutet damit zwangsläufig eine Betriebszeitverkürzung, eine Ausdehnung zwangsläufig eine Verlängerung der Arbeitszeit.

3.4.2 Arbeitszeitmodelle

Um flexible Arbeitszeitgestaltungen zu kategorisieren, werden allgemein drei Dimensionen bestimmt: Dauer, Lage und Gestalt (vgl. Neuberger 1997: 231ff.). Die zeitlichen Erwerbspräferenzen werden zunehmend von individuellen Interessen und subjektiven Bedürfnissen geprägt. Dies trifft insbesondere auf Mitarbeitende mit Familienarbeit oder ältere Mitarbeitende zu. Veränderte Arbeitszeitstrukturen mit größerem Mitbestimmungs- und Entfaltungsspielraum für einzelne Mitarbeitende können diesen Bedürfnissen entgegenkommen und dadurch die Arbeitszufriedenheit steigern).

Die Ziele und die Ausgestaltungen der Arbeitszeitmodelle haben sich in den letzten Jahren verändert. Wichtige Beispiele hierfür sind die Teilzeitarbeit (Abkehr der Halbierung der Tagesarbeitszeit hin zu einer unterschiedlichen Lage von Arbeitszeiten bezogen auf eine Woche), die weitergehende Ausgestaltung der Gleitzeit und die Umsetzung von insbesondere alternierenden Telearbeitsformen. Alle genannten Formen haben in den letzten Jahren deutlich an Bedeutung gewonnen und werden zunehmend miteinander kombiniert. So geben 98 Prozent der deutschen Unternehmen an, Teilzeitarbeit zu ermöglichen, 90 Prozent der Unternehmen haben flexible Arbeitszeit/Gleitzeit implementiert (zumindest für Teile der Belegschaft). Im Vergleich zu anderen europäischen Ländern wird jedoch in Deutschland das Potenzial von flexiblen Jahresstundenverträgen vergleichsweise deutlich weniger ausgeschöpft (vgl. Brewster, Kabst 2006: 50).

Wichtige Gestaltungsparameter für flexible Arbeitszeiten sind der Bezugszeitraum, die Dauer der Arbeitszeit und die Länge der Arbeitszeit. Die chronometrische Dimension umfasst die zeitliche Komponente der Arbeitszeit, d.h. die Möglichkeit, bestimmte Arbeitszeiten bezogen auf einen Bezugszeitraum zu unter- bzw. zu überschreiten. Diese Variation der Arbeitszeit kann sich auf die tägliche, die wöchentliche, die monatliche oder jährliche Arbeitszeit beziehen. Die chronologische Dimension hingegen bezeichnet die von der Normalarbeitszeit verschobene Lage der Arbeitszeit, d.h. sie legt fest, wann die vertraglich vereinbarte Arbeitszeit zu leisten ist. Beginn, Ende und Abfolge der Arbeitseinheiten sind hier veränderlich (vgl. Friedrich 2002: 34).

Flexible Arbeitszeiten erfordern durch verringerte synchrone Anwesenheitszeiten am Arbeitsplatz eine Intensivierung der Anforderungen an die Kommunikation und das Kooperationsverhalten. Zu beachten ist das Problem, dass sich aufgrund der unterschiedlichen Arbeits- und Anwesenheitszeiten die Möglichkeiten zum Informationsaustausch und gegenseitigen Absprachen von Mitarbeitenden verringern können. In einer positiven Sicht kann diese Situation auch zu einer qualitativen Verbesserung der Kommunikation und des Kommunikationsverhaltens führen, wenn asynchrone Anwesenheitszeiten mehr Aufmerksamkeit auf die Kommunikation und Information erhalten.

Festzuhalten ist, dass eine Umgestaltung in Richtung Flexibilität eine komplexe Aufgabe für Organisationen ist.

3.4.3 Teilzeit

Eine Teilzeitbeschäftigung liegt vor, wenn die regelmäßige Wochenarbeitszeit einer oder eines Arbeitnehmenden kürzer ist als die einer oder eines vergleichbaren Beschäftigten, die oder der in derselben Organisation Vollzeit arbeitet. Dies bedeutet z.B. in einer Organisation mit einer Wochenarbeitszeitregelung von 38,5 Stunden, dass Beschäftigte mit 35 Wochenstunden als teilzeitbeschäftigt gelten, während sie in einer Organisation mit 35 Stunden Regelarbeitszeit vollzeitbeschäftigt wären. Der Begriff der Teilzeitbeschäftigung richtet sich demnach ganz konkret nach der in einer Organisation vereinbarten Wochenarbeitszeit.

Teilzeit untergliedert sich in eine Reihe von Varianten hinsichtlich der Lage und der Verteilung von Arbeitszeiten und kann mit anderen Arbeitszeitmodellen kombiniert werden.

Formen der Teilzeitarbeit:
▪ Traditionelle Teilzeitarbeit (z.B. Halbtagsarbeit): Die Verkürzung der täglichen Arbeitszeit ist die traditionelle und bisher immer noch am meisten praktizierte Form der Teilzeitarbeit. Die Arbeitnehmenden haben feste Arbeitszeiten; diese erstrecken sich jedoch nicht über den gesamten Arbeitstag im Vergleich zu Vollzeitbeschäftigten.
▪ Variable Formen der Teilzeitarbeit: Die Verteilung der Arbeitszeit auf ausgewählte Wochentage wie auch die zeitliche Lage kann variieren.
▪ Abrufarbeit, kapazitätsorientierte variable Arbeitszeit (KAPOVAZ): Hier vereinbart die Organisation ein bestimmtes Kontingent an Stunden, die von den Arbeitnehmenden über einen längeren Zeitraum (Monat oder Jahr) flexibel abzuleisten sind. Im Gegensatz zu anderen Modellen (z.B. der Gleitzeitarbeit) bestimmt jedoch allein der Arbeitgeber über den Personaleinsatz. Damit besteht die Möglichkeit, den Personalbestand flexibel an die Erfordernisse der Organisation anzupassen. Um dem Missbrauch dieser Arbeit auf Abruf vorzubeugen und den Arbeitnehmenden eine gewisse Sicherheit zu bieten, schreibt das BeschFG die Dauer der wöchentlichen Mindestbeschäftigung vor.

- Partner-Teilzeitarbeit (Job Sharing): Bei dem aus den USA stammenden Job Sharing wird Teilzeitarbeit geschaffen, indem sich zwei oder mehrere Arbeitnehmende einen Vollzeitarbeitsplatz teilen. Von der klassischen Form der Teilzeitarbeit unterscheidet sich Job Sharing dadurch, dass die Arbeitnehmenden innerhalb bestimmter Grenzen über ihren Tagesablauf frei verfügen können. So sind feste Einsatzzeiten lediglich für das Job Sharing-Team als Ganzes vorgeschrieben, die einzelnen Mitarbeitenden koordinieren ihren Einsatz untereinander.

3.4.4 Telearbeit

Die Telearbeit wird oft als *die* relevante Arbeitsform der Zukunft eingeschätzt (vgl. Falk 2004: 209). Telearbeit liegt vor, wenn eine Erwerbstätigkeit, die für einen Arbeitgeber bzw. Auftraggeber zu verrichten ist, i. d. R. räumlich entfernt vom Standort des Arbeitgebers nah am Wohnort der Arbeitnehmenden (oder direkt in der Wohnung der Arbeitnehmenden) durchgeführt wird.

Kennzeichnend und charakteristisch für die Telearbeit ist, dass sich Telearbeitende der aktuellen Informations- und Kommunikationstechnologie bedienen und über diese mit der Organisation verbunden sind.

Bezüglich des Arbeitsortes haben sich drei Gestaltungsformen in der Entwicklung der Telearbeit herauskristallisiert:

- Ausschließliche Telearbeit: Die *ausschließlich und stationäre Telearbeit* oder auch *Teleheimarbeit* genannt, ist die klassische Variante des amerikanischen 'Telecommuting'. Hier sind die Arbeitnehmenden ausschließlich zu Hause tätig und verfügen über keinen eigenen Arbeitsplatz im Betrieb. Als Rechtsform sind sowohl ein normales Arbeitsverhältnis, die Heimarbeit nach dem Heimarbeitsgesetz oder eine berufliche Selbständigkeit möglich. Die oft beschworenen Gefahren von Scheinselbständigkeit und sozialer Isolation konzentrieren sich auf diese Form der Telearbeit.
- Die mobile Telearbeit: Die *mobile Telearbeit* ist dagegen an keinen festen Ort gebunden und ist durch ein hohes Maß an Mobilität und höhere persönliche Außenkontakte gekennzeichnet.
- Die alternierende Telearbeit: Die dritte Organisationsform der Telearbeit ist die *alternierende Telearbeit*. Diese Organisationsform setzt sich schwerpunktmäßig immer mehr durch. Unter der alternierenden Telearbeit wird eine Arbeitsform verstanden, die einen gelegentlichen oder regelmäßigen Wechsel zwischen zwei oder mehreren festen Arbeitsorten beinhaltet. Die

Arbeit wird i. d. R. abwechselnd in der Zentrale oder in der Zweigstelle und zu Hause ausgeführt. Die Aufteilung zwischen betrieblicher und außerbetrieblicher Arbeit ist entweder starr festgelegt oder fließend, wobei dann die Telearbeitenden entscheiden können, zu welchen Zeiten sie in der Organisation bzw. zu Hause arbeiten möchten. In der Regel erfordern bestimmte Arbeitsaufgaben, z. B. Projektbesprechungen, die Anwesenheit in der Organisation. Das Ausmaß der Zeitsouveränität ist abhängig von der Ausgestaltung dieser Arbeitszeitform. Die Telearbeit kann zu den Arbeitszeitmodellen mit hohem Flexibilisierungspotential zählen, wenn die Arbeitnehmenden im Wesentlichen die Lage und Dauer sowie den Tätigkeitsort ihrer Arbeitszeit selbst bestimmen können.

3.4.5 Von der Gleitzeit zur Vertrauensarbeitszeit

Drei Merkmale kennzeichnen die häufigsten Gleitzeitmodelle in der Praxis:

- die Festlegung von so genannten Kernarbeitszeiten, die meistens tageszeitbezogen eine Anwesenheitspflicht für alle Mitarbeitenden bestimmen.
- Gleitzeitspannen, die der Kernzeit vor- bzw. nachgelagert sind. Innerhalb dieser Gleitzeitspannen können die Mitarbeitenden ihre Arbeitszeit selbst bestimmen.
- Eine Möglichkeit, ein Arbeitszeitguthaben bzw. eine Arbeitszeitschuld bis zu einer festgelegten Höhe innerhalb eines fixierten Abrechnungszeitraumes (z.B. zu einem bestimmten Monatsende) auszugleichen.

Die variable Arbeitszeit ersetzt die Kernzeit des Gleitzeitmodells durch Festlegung einer Funktionszeit. Anders als bei der Kernzeit, die eine Anwesenheit aller Mitarbeitenden vorsieht, sorgen hier die Mitarbeitenden selbstbestimmt für eine Funktionsfähigkeit ihres Arbeitsbereiches und stimmen ihre Anwesenheitszeiten untereinander ab. Die Funktionszeiten ergeben sich aus internen und externen Faktoren und Bedingungen wie z.B. durch die Kunden- oder Klientenbedürfnisse oder internen Arbeitsabläufe.

Der Begriff der Vertrauensarbeitszeit weist auf einen hohen Selbstbestimmungsgrad eines variablen Arbeitszeitmodells hin, bei dem die Anwesenheitskontrolle weitgehend auf die Arbeitnehmenden übergeht. So werden Anwesenheitszeiten häufig durch Selbstreports dokumentiert.

Jahresarbeitszeitmodelle erlauben durch einen Bezugszeitraum eines Kalenderjahres die Möglichkeit, über das Jahr Arbeitszeiten unregelmäßig zu verteilen. Das Entgelt bleibt konstant. Bei Jahresarbeitszeitmodellen wird festgelegt, dass zu einem bestimmten Zeitpunkt im Jahr ein Ausgleich der geleisteten Arbeitszeiten vorgenommen wird.

Die Arbeitszeitflexibilisierung erhält in Bezug auf die Vereinbarung von Familie und Beruf und der Personalbindung eine herausgehobene Rolle (vgl. Friedrich 2001: 56).

Für den Bereich der Pflege in Krankenhäusern werden folgende Grundprinzipien vorgeschlagen (vgl. Kolhoff, Kortendieck 2006: 88):

- Einfachheit und Ergebnisorientierung: Die Gestaltung der Arbeitszeit soll den Arbeitsaufgaben folgen (nicht umgekehrt) sowie die Berücksichtigung der Interessen der Mitarbeitenden
- Selbststeuerung durch die Mitarbeitenden:
  - Bei nicht genau prognostizierbarer Nachfrage oder schwankender Nachfrage möglichst keine direktive Arbeitszeitsteuerung.
  - Je flexibler die Arbeitszeit, umso höher der notwendige Selbststeuerungsanteil (hin zur Vertrauensarbeitszeit).
  - Stark fremdgesteuerte Dienstpläne wirken demotivierend auf die Mitarbeitenden.

Diese Grundsätze sind auf viele Organisationen anwendbar. Selbstverständlich ergeben sich aus unterschiedlichen Handlungsfeldern, Strukturen und Rahmenbedingungen von Organisationen unterschiedliche Anforderungen an die Arbeitszeitgestaltungen.

Dass verschiedene Arbeitszeitmodelle auch in Organisationen parallel nebeneinander realisierbar sind, zeigt ein Beispiel einer Kommune. Jeder Betriebs- oder Verwaltungsteil der Organisation kann hier in Absprache mit Arbeitnehmenden und der Personalvertretung eine auf die Wünsche der Organisation und der Mitarbeitenden zugeschnittene flexible Arbeitszeitregelung vereinbaren. Die Anwendung eines Arbeitszeitmodells kann sich auf die kleinste Organisationseinheit beziehen.

Diese beispielhafte Dienstvereinbarung stellt folgende Grundsätze bei der Anwendung flexibler Arbeitszeiten heraus (vgl. Knorr 2001: 146f.):

- Während der Öffnungszeiten für Bürgerinnen und Bürger ist eine ausreichende Präsenz von Mitarbeitenden sicherzustellen, um einen optimalen Kundenservice zu gewährleisten.
- Außerhalb der Öffnungszeiten für Bürgerinnen und Bürger muss die amtsinterne und amtsübergreifende Kommunikation in erforderlichem Umfang gewährleistet sein.

- Durchlaufzeiten dürfen durch flexible Arbeitszeiten nicht verlängert werden. Ziel ist es, die Durchlaufzeiten zu reduzieren.
- Die Anwendung der flexiblen Arbeitszeit muss Auslastungsgesichtspunkte berücksichtigen, um einen optimalen Personaleinsatz zu gewährleisten.

3.4.6 Praxisinterview zur Arbeitszeitgestaltung

Frage: „Können Sie kurz Ihre Einrichtung beschreiben?"

Antwort: „Die Lammetal-Werkstätten Lamspringe sind eine gemeinnützige GmbH – gegründet 1971. Zurzeit werden im Werkstattbereich über 400 „Mitarbeiter mit Behinderung" – im Wesentlichen der Personenkreis der Menschen mit einer geistigen Behinderung begleitet, gefördert und betreut. Die Einrichtung umschließt neben einer Werkstatt für Menschen mit Behinderungen und einer Tagesförderstätte für schwerst-mehrfach behinderte Menschen auch den Bereich „Wohnen". Das Dienstleistungsangebot des Wohnbereiches reicht von der Vollversorgung im Wohnheim über eine verringerte Begleitung im Rahmen der Lebensform „Außenwohngruppe" bis hin zur ambulanten Begleitung in der eigenen Wohnung.

Frage: „Ist in Ihrer Einrichtung die Arbeitszeitgestaltung ein wichtiges Gestaltungsfeld?"

Antwort: „Als Wohnbereichsleitung muss ich mich fast täglich mit der Thematik „Arbeitszeitgestaltung" auseinandersetzen. Kundenwünsche und Forderungen sind diesbezüglich ein wesentliches Gestaltungselement. Besonders im ambulanten Bereich, d.h. der Begleitung der Menschen mit Behinderung im eigenen Wohnumfeld (Wohnung, im häuslichen Umfeld mit Angehörigen) ist eine individuelle Arbeitszeitgestaltung unerlässlich. Aber auch im stationären Bereich unserer Einrichtungen befindet sich die Dienstplangestaltung in einem ständigen Fluss. Die Dienste müssen, bzw. sollten, möglichst kundenorientiert ausgerichtet sein, so dass Förderungen, Gespräche und Freizeitgestaltung gewährleistet werden können. Krankheit und Urlaub sind hierbei als wichtige Einflussfaktoren mit zu berücksichtigen."

Frage: „Welche Arbeitszeitmodelle werden realisiert? Haben sich diese Zeit-Gestaltungen in den letzten sieben Jahren verändert?"

Antwort: „Im Wohnbereich unserer Einrichtungen kommen sehr viele unterschiedliche Arbeitszeitmodelle zum Tragen:
1. der klassische Schichtdienst mit Früh-, Tag und Spätdiensten sowie Nachtbereitschaft
2. bedarfsorientierte Dienstzeiten (nach Terminabsprache mit den Menschen mit Behinderung – ambulante Wohnformen)
3. individuelle Arbeitszeitmodelle, wo die Angestellten untereinander die Dienstzeitgestaltung festschreiben – ohne den Vorgesetzten, z.B. Nachtbereitschaft, geringfügig Beschäftigte, ambulanter Bereich); hier hat der Vorgesetzte nur eine kontrollierende Funktion
4. individuelle Arbeitsvertragsgestaltung – von den klassischen Vollzeit oder Halbtagsstellen über eine geringfügige Beschäftigung bis hin zu Sonderverträgen (28 Stunden, 25 Stunden, Wechselschicht, d.h. je zweite Woche arbeiten) und Honorarkräften.

Bedingt durch die demografische Entwicklung sind die Anfragen für „Zivildienststellen" sowie für das „Freiwillige soziale Jahr" im Bereich Wohnen sehr zurückgegangen. Bei Zivildienststellen auf 0%. Beim Freiwilligen sozialen Jahr gab es in diesem Jahr erstmals auch keine Anfragen mehr. Diese massiven Einbrüche mussten durch eine Neugestaltung der Dienstpläne kompensiert werden.
Auch die Einführung neuer Vergütungssysteme (Vergütung der erbrachten Leistungen nach individuellem Hilfebedarf des Menschen mit Behinderung) zog eine Neuausrichtung der Arbeitszeitgestaltung bzw. -modelle nach sich. Aufgrund der sich kontinuierlich verändernden Hilfebedarfe, muss der Dienstumfang und damit einhergehend die Arbeitszeitmodelle zeitnah den neuen Gegebenheiten angepasst werden. Dieses erfordert von den Angestellten der Einrichtung eine sehr hohe Flexibilität."

Frage: „Wie schätzen Sie die Bedeutung der Arbeitszeitgestaltung für Ihre Einrichtung in der Zukunft ein?"

Antwort: „Die Flexibilisierung der Arbeitszeit wird sich in den nächsten Jahren noch verstärken, da die Kunden (Menschen mit Behinderung, Angehörige, Kostenträger) dieses immer mehr einfordern. Bedingt durch die derzeitige Arbeitsmarksituation, sind die Angestellten noch bereit sich diesen Gegebenheiten anzupassen. Jedoch wird die Bereitschaft, flexibel einsetzbar zu sein, nachlassen sobald sich die Arbeitsmarktsituation entspannen wird. Um auch zukünftig als Einrichtung für Arbeitnehmer attraktiv zu bleiben, ist es daher unerlässlich, die Angestellten in einem gewissen Rahmen in die Neugestaltung der Arbeitszeitgestaltung mit einzubeziehen.

Abzuwarten bleibt wie sich der demografische Wandel in Zukunft auf die Personalstruktur der Einrichtung auswirken wird. In ca. 10 bis 15 Jahren wird eine große Anzahl des Personals in das Rentenalter kommen. Inwieweit dieses die Arbeitszeitgestaltung beeinflussen wird, bleibt abzuwarten."

3.5 Personalbeschaffung und Personalauswahl

3.5.1 Personalbeschaffung

Die Personalbeschaffung sichert aus Sicht der Organisation die Absicherung des gegenwärtigen wie auch des zukünftigen Personalbedarfs. Da die Qualität sozialer Dienstleistungen in hohem Maß von den Kompetenzen der Mitarbeiterinnen und Mitarbeitern abhängig ist, ist die Personalbeschaffung für Organisationen der Sozialen Arbeit und der Gesundheitsorganisationen von besonderer Bedeutung. Die Personalbeschaffung kann intern wie auch extern erfolgen; beiden Wegen stehen Vorteile und Nachteile gegenüber.

Ein Blick in die Praxis:
„Dies führt zu der Frage, wie NPO konkret Personalakquisition betreiben. Eine Studie mit Aussagen hierzu legt Betzelt vor. Die Autorin stellt in ihrer Untersuchung fest, dass mehr als 50 v.H. der untersuchten 243 NPO eher informelle Wege zur Personalbeschaffung einschlagen. Bei den verbleibenden Organisationen, die eher formale Vorgehensweisen in Form von bspw. Stellenanzeigen oder externen Vermittlungseinrichtungen bevorzugen, werden aber in einer Größenordnung von ca. einem Drittel ebenfalls zusätzlich informelle Methoden eingesetzt. Betzelt differenziert bei den NPO in eine Beschaffungsausrichtung nach innen und nach außen, wobei mehr innenorientierte Muster vorgefunden werden. In Teilen wird sogar eine „closed-shop-Mentalität" beschrieben, bei der die Stellenbesetzung durch Beziehungen, Zugehörigkeit zu bestimmten Parteien oder Konfessionen geprägt ist" (Quelle: Neumann 2004: 14; vgl. Betzelt 2001: 133f.).

3.5.2   Personalauswahl

Noch immer gilt in sozialen Organisationen, dass das Vorstellungs- und Einstellungsgespräch die am meisten verbreitete und beliebteste Methode der Personalauswahl darstellt. Dem ist kritisch anzumerken, dass herkömmliche Vorstellungsgespräche gegenüber allen anderen Verfahren die geringste prognostische Validität aufweisen (vgl. Hölzle 2006: 149).

Die Ursachen für die geringe Validität des konventionellen Vorstellungsgesprächs sind:

- mangelnder Anforderungsbezug der Fragen
- unzulängliche Verarbeitung der aufgenommenen Informationen
- geringe Beurteilerübereinstimmung (diese muss sich von außen betrachtet nicht deutlich zeigen; wenn z.B. hierarchisch übergeordnete Beurteiler sich kritisch äußern, werden die anderen möglicherweise beeinflusst. Von außen betrachtet scheinen alle zur gleichen Beurteilung zu kommen)
- Beurteilungsfehler
- hohe Redeanteile durch die Interviewenden.

Auswahlgespräche, die z.B. der Konzeption ‚Multimodaler Interviews' folgen, versuchen das Dilemma der Personalauswahl zu lösen. Die Herausforderung der Organisationen ergibt sich aus den konkurrierenden Zielen der Personalauswahl: zum einen möglichst viele Informationen über die Bewerberinnen und Bewerber zu erhalten, zum anderen aber den Aufwand und damit die finanziellen Investitionen für die Bewerberauswahl möglichst gering zu halten und darüber hinaus mit dem Auswahlinstrument ein hohes Maß an Validität und Reliabilität zu erzielen.

Die in der Praxis in Gesundheits- und Sozialorganisationen oft genutzten Hospitationen werden in der Fachdiskussion wenig beachtet ebenso wie auch das Berufspraktikum oder das FSJ als Berufseinmündungsweg wenig thematisiert wird.

3.5.3   Praxisinterview zur Ausgestaltung der Personalauswahl

Frage: „Können Sie kurz Ihre Einrichtung beschreiben?"

Antwort: „Das Bischöfliche Generalvikariat ist die zentrale Behörde des Bistums Hildesheim für die diözesanen Einrichtungen und die Kirchengemeinden. Das BGV hat folgende Personalabteilungen: die Hauptabteilung Personal/ Seelsorge für das pastorale Personal, unsere Hauptabteilung Personal/Verwaltung für das nicht pastorale Personal und die Hauptabteilung Bildung für LehrerInnen und sonstiges Schulpersonal. Der Caritasverband hat eine eigene Personalabteilung."

Frage: „Welche Bedeutung nimmt die Personalauswahl in Ihrer Einrichtung ein?"

Antwort: „Die Personalauswahl ist von zentraler Bedeutung. Wie überall geht es auch bei uns darum, Personen und Arbeitsstellen ideal zu verbinden."

Frage: „Welche Personalauswahlverfahren werden in Ihrer Einrichtung eingesetzt?"

Antwort: „Ich berichte im folgenden wie die Auswahl in der HA Pers. Verwaltung erfolgt, in der ich als Referentin tätig bin. Hier agiert der Leiter der HA oder ich selbst unter Einbeziehung der Leiterin des Stabsreferates Personalförderung für Frauen. Die auf eine interne und externe Ausschreibung eingegangenen schriftlichen Bewerbungen werden ausgewertet nach bestimmten Kriterien entsprechend der zu besetzenden Stelle, dann erfolgen mit ausgewählten Bewerberinnen/ Bewerbern Vorstellungsgespräche nach dem gleichen Raster und an einem Tag. Dabei bin ich oder der Leiter der HA P/V anwesend sowie der jeweilige Leiter einer Hauptabteilung oder Einrichtung, für die eine/ein Mitarbeiterin/Mitarbeiter gesucht wird. Nach der Entscheidung erfolgt die Einholung der Zustimmung der Mitarbeitervertretung.

Frage: „Gab es eine Veränderung in den vergangenen Jahren oder wird Ihre Einrichtung künftig andere Auswahlverfahren wählen?"

Antwort: „Ja, es gibt bei einigen Stellen ein zweites Gespräch an einen anderen Tag mit BewerberInnen. In diesem Fall erhalten die BewerberInnen eine Aufgabe, deren Beantwortung in Form einer Präsentation und anschließender Diskussion Gegenstand des zweiten Gesprächs ist. Bei Arbeitsstellen mit weniger komplexen Aufgaben wird gern ein Probearbeitstag durchgeführt."

Frage: „Warum?"

Antwort: „Weil beide Seiten von einer Intensivierung des Verfahrens profitieren können. Es wird so erreicht, dass verlässlicher festgestellt werden kann, ob BewerberInnen den jeweiligen Anforderungen in der Stelle entsprechen. Da die Auswahl auf diese Weise zeitintensiver ist, lernen sich zukünftige/r Vorgesetzte/r sowie BewerberInnen besser kennen. Die BewerberInnen haben dadurch auch mehr Sicherheit über die Frage, ob die Stelle ihren Vorstellungen entspricht. BewerberInnen erhalten die Möglichkeit, in Ruhe die vor Ort Mitarbeitenden, die räumlichen Gegebenheiten, die Zeitstruktur, die Ausstattung etc. kennenzulernen. Im Anschluss erhalte ich die Rückmeldung des Vorgesetzten. Hospitationen helfen, können aber – wie alle Instrumente – nicht die absolute Gewissheit über eine Eignung bringen.

Übrigens gibt es auch für bereits Eingestellte die Möglichkeit, Hospitationen in anderen Institutionen durchzuführen, wenn sie dies wünschen."

Frage: „Gibt es Auswahlinstrumente , die Sie als nicht passend für Ihre Einrichtung einschätzen?"

Antwort: „BewerberInnen nehmen uns pauschal als „Kirche" wahr, deshalb wollen wir fair und transparent agieren."

3.5.4   Praxisbeitrag zur Personalauswahl
        Präsentationen in der Personalauswahl
        (Daniela Schilling und Erik Weckel)

Einleitung
„Sie geht gut auf die Menschen zu und das ist gut. Ich sage ja!" Das meldete beispielsweise eine junge Erwachsene, Teilnehmerin in einer Arbeitsbeschaffungsmaßnahme (ABM), zurück, die als Probandin in die Prozesse der Personalauswahl eingebunden war. Die Jugendwerkstatt Gifhorn (JWG) hat ihre Personalauswahl für Sozialpädagog/inn/en[1] und Ausbilder/innen präzisiert. Sie führte Präsentationen in das Personalauswahlverfahren ein, beteiligte Maßnahmeteilnehmer/innen am Prozess und nimmt deren Rückmeldungen auf. Die JWG ist mit dieser Erweiterung sehr zufrieden. Die Möglichkeiten der Einschätzung über die Bewerber/innen, ihre Qualifikationen und Arbeitsweisen verbesserten sich sehr und führten zu einem schärferen Wahrnehmungsbild.

Die Organisation und ihre Personalbedarfe
Als Einrichtung der Jugendberufshilfe arbeitet die JWG sehr viel mit Mitarbeitenden in Arbeitsbeschaffungsmaßnahmen (ABM). Durch befristete Förderungen, in der Regel maximal bis zu einem Jahr, hat die JWG mit häufigen Personalwechseln umzugehen. Gleichzeitig sind durch Zuweisungen durch die Agentur für Arbeit oder die ARGE Stellenbewerber/innen zu begutachten, bei denen völlig unklar ist, ob sie die gewünschten beruflichen Erfahrungen und Kompetenzen mitbringen. Bei konventionellen Vorstellungsgesprächen zeigte sich, dass die Leitung nicht genügend Informationen erhielt, um die Bewerber/innen hinreichend einschätzen zu können.

Die JWG benötigt Sozialpädagog/inn/en, die die Maßnahmeteilnehmenden begleiten, unterstützen, fördern, beraten und auch unterrichten; und Ausbilder/innen, die ihnen in den Werkstätten fachliche Grundkenntnisse vermitteln und allgemeine Arbeitstugenden näherbringen.

In der Sozialpädagogik arbeitet die JWG auf der Grundlage der Prinzipien eines Casemanagements. Die JWG wünscht sich von potentiellen Mitarbeitenden Kenntnisse und Erfahrungen im Casemanagement. Diese sind jedoch noch nicht allgemein voraussetzbar. Daher ist es der JWG wichtig bei Bewerber/innen herauszufinden, in wieweit diese im Clearing oder Erstgespräch ressourcen- und zielorientiert Förderplangespräche führen, diese Gespräche mit Zielvereinbarungen abschließen und die Ergebnisse dokumentieren.

---

[1] Aus der Genderperspektive erfassen wir in der Sprache alle Geschlechter.

Wichtige Kriterien für die Entscheidung sind zudem verfügbare Sozialkompetenzen und ein guter kommunikativer und offen zugewandter Zugang zu unserer Klientel (benachteiligte junge Erwachsene) wichtig.

Herausforderungen
Um genauere Einschätzungen von den Bewerber/innen gewinnen zu können, entwickelte die JWG ihr Personalauswahlverfahren weiter. Die konkreten Bedarfe sind, genaueres Wissen zu generieren über: strukturiertes, dokumentationsfähiges Arbeiten; über Transparenz und Planungsfähigkeit, die Weisen der Vorbereitung und Formen der Verschriftlichung; über Didaktik und eingesetzte Methoden, über Casemanagementkenntnisse und -erfahrungen; vereinbarte Zielorientierung und -erreichung, das Auftreten vor einer Gruppe, die Kontaktaufnahme zu Maßnahmeteilnehmenden und Kommunikationsstile, das Führen von Gesprächen, über Stile der Unterweisung, Formen der Visualisierung, Gestaltungspotentiale und der Dokumentation; über Selbstreflexions- und Feedbackfähigkeit; über Fähigkeit mit ungeplanten und unvorhersehbaren Ereignissen und Situationen umzugehen (es läuft nicht wie geplant ...), die Fähigkeiten der Aufnahme- und Verarbeitung der gelieferten Vorinformationen, über Ressourcenorientierung und die Kompetenz, die existenten Ressourcen der Teilnehmenden aufzunehmen und über konkrete praktische PC-Kenntnisse.
Zudem bezieht die JWG die jungen erwachsenen Teilnehmenden der Maßnahmen in den Auswahlprozess ein. Dies ermöglicht die Partizipation der Teilnehmenden auch an so zentralen Prozessen wie der Personalauswahl. Weiter will die JWG die Beurteilungen der Teilnehmer/innen über ihre Eindrücke zu den Bewerber/innen über die kurze Arbeit mit ihnen in die Personalentscheidung aufnehmen. Das Ziel ist es, ein Feedback der Teilnehmer/innen zu nutzen, damit die Leitung auf einer breiten Basis eine Auswahlentscheidung treffen kann. Diese Erkenntnisse konnten vielfach im üblichen Bewerbungsgespräch nicht gewonnen bzw. nur durch Selbstauskunft der Bewerbenden aufgenommen werden. Um hier zu tragfähigeren Erkenntnissen zu gelangen erweiterte die JWG ihr Vorstellungsverfahren um Übungen, die je nach Berufsgruppe angepasst werden.
In der Ausbildung bzw. Berufsvorbereitung in der Werkstatt ist die Unterweisung ein zentrales Instrument der arbeitspädagogischen Arbeit der Ausbilder/innen. Hier wünscht sich die JWG Meister/innen oder die Ausbilder/inneneignung. Beide stehen bei den zugewiesenen Arbeitskräften nur in Ausnahmen zur Verfügung. Bei der Auswahl von Ausbilder/innen ist es deshalb wichtig zu sehen, wie diese Unterweisungen mit einer Gruppe junger Erwachsener vorbereiten, durchführen, die selbst gesetzten Ziele erreichen und welche Erkenntnisse sie dabei von den Teilnehmenden für die weitere Arbeit gewinnen.

Liegt die Ausbilder/inneneignung (AEVO) nicht vor, fragt die JWG nach dem Fortbildungsinteresse und informiert über das hauseigene Kursangebot zum Erwerb der Ausbilder/inneneignung.

Das Vorstellungsgespräch
Das Vorstellungsgespräch ist auf 45 bis 60 Minuten ausgelegt. Integriert in die klassischen Aspekte sind zwei Aufgaben, die ca. 30 Minuten der Gesprächszeit beanspruchen. Sie ergänzen die Wahrnehmungen über die Selbstvorstellung der Bewerber/innen, ihrer beruflichen Erfahrungen, der besonderen Kenntnisse auch in Bezug auf die Einrichtung und die zu erwartende Tätigkeit und die sonstigen Fragen. Diese beiden Aufgaben werden den Bewerber/inne/n schriftlich mit der Einladung zum Gespräch mitgeteilt, mit der Bitte, diese schriftlich vorzubereiten und bei der Vorstellung durchzuführen:

1. a) für Sozialpädagog/inn/en ein Erst- und Förderplangespräch,
    b) für Ausbilder/innen eine Unterweisung zu einem Thema ihrer Wahl,
    a) und b) beide Präsentationen sind jeweils von 15-minütiger Dauer, zuzüglich kurzer Vorstellung der Präsentation dem Auswahlgremium und Auswertung nach der Präsentation und
2. eine Darlegung der Vorstellungen darüber, was die Bewerber/innen in den ersten 4 Wochen zur Einarbeitung tun möchten bzw. dafür benötigen.

Das Förderplangespräch wird mit einer/m Teilnehmenden in einem Seminarraum selbstständig von den Bewerber/inne/n durchgeführt, die Unterweisung mit einer kleinen Gruppe von 3 bis 4 Teilnehmenden. Selbstständig heißt, dass die Bewerber/innen das Gespräch eröffnen, auf die Zeit achten (15 Minuten) und den Prozess abschließen. Das Auswahlgremium, in der Regel die (Stellvertretende) Leitung der JWG, eine Vertreterin der Mitarbeiter/innenvertretung und die Gleichstellungsbeauftragte, ist teilnehmende Beobachter/in. Alle Beobachter/innen halten ihre Wahrnehmungen auf einem Blankobogen schriftlich fest.

Die Vorbereitung
Die Bewerber/innen erhalten zur Vorbereitung die schriftlich formulierten Aufträge und weiteres Hintergrundmaterial über die Maßnahmen (s. Anlage). Diese sind: ein kurzer Überblick über die betreffende berufsvorbereitende Maßnahme in der JWG, eine kurze Beschreibung der Aufgaben und Anforderungen, sowie zur Vorbereitung auf die Förderplangespräche zwei exemplarische Kurzprofile von Teilnehmer/innen. In der Regel wird mit den Bewerber/innen der Termin telefonisch abgestimmt, das Setting (wer ist noch beim Gespräch dabei) und die Erwartungen kurz skizziert. Die beiden Aufgaben werden bereits mitgeteilt. Es

wird ausdrücklich darauf hingewiesen, dass die Bewerber/innen anrufen können, wenn sie weitere Fragen haben. Ebenfalls wird darauf hingewiesen, dass sie Wünsche bezüglich Arbeitsmaterial, Raumgestaltung oder Präsentationsmittel wie Technik etc. gerne mitteilen können. Die JWG versucht die Bedarfe möglichst zu erfüllen. Die Bewerber/innen erhalten Kenntnis, wer bei dem Gespräch voraussichtlich anwesend sein wird. Die voraussichtliche Dauer des Gespräches ist in der Einladung angekündigt. Die Gespräche sind so terminiert, das die Bewerber/innen in der Regel mindestens 3 Tage Zeit zur Vorbereitung haben.

In der JWG wird der Raum entsprechend gestaltet, die Sozialpädagogik sucht die jungen Erwachsenen aus, die an der Präsentation teilnehmen. Die Teilnehmenden werden auf ihre Aufgabe vorbereitet. Ihre Aufgabe ist: Sie sollen so sein, wie sie sind! Sie brauchen in keine besondere Rolle zu schlüpfen. Es ist auch nicht wichtig, aus welchem Werkbereich die Teilnehmenden kommen, z.B. wenn es um eine Ausbilder/in für die Hauswirtschaft geht, ist es nicht Voraussetzung, dass die Teilnehmenden aus diesem Bereich kommen oder überhaupt Interesse an diesem Ausbildungsberuf haben. Dies wird den Bewerber/innen mitgeteilt. In ihrer angestrebten anleitenden Tätigkeit werden sie es durchaus mit Teilnehmenden zu tun haben, die über keine bis geringe Vorkenntnisse verfügen und sich nicht unbedingt für das Berufsfeld interessieren. Diese Voraussetzungslosigkeit macht das Erfüllen der Aufgabe für die Teilnehmenden leicht. Wichtig ist, dass für diese Aufgabe eher Teilnehmende eingesetzt werden, die bereit sind, sich auf die Aufgabe einzulassen. Die Bewerber/innen sollen durch eine Komplexität der Lebenssituationen der jungen Erwachsenen nicht übermäßig gefordert werden. Im Anschluss an die Präsentation erhalten die Teilnehmenden die Aufgabe, ihre Eindrücke auf einem einfach strukturierten Zettel schriftlich festzuhalten.

Die Beobachtung
Beobachtet werden die Bewerber/innen von zwei Perspektiven: 1) vom Auswahlteam und 2) von den Teilnehmenden an der Präsentation.

Das Auswahlteam sitzt bei der Präsentation im Hintergrund. Es hält auf einem Blankobogen die Beobachtungen fest. Diese reichen beispielsweise von der Wahrnehmung der Begrüßung (Siezen oder Duzen? Stellen sich die Bewerber/innen vor? Fragen sie nach den Namen der Teilnehmenden? etc.), über die Kontaktaufnahme, das ins Gespräch kommen, angewandte Methoden und Gesprächstechniken, Visualisierungsformen, Materialeinsatz, bis hin zum Abschluss (Zusammenfassung der Ergebnisse, Ausblick auf die mögliche Weiterarbeit für die Teilnehmenden, Verabschiedung etc.). Die Beobachtenden notieren, was entsprechend der Präsentationsziele von Bedeutung sein kann. Es ist sehr viel in 15 Minuten zu sehen! Manchmal weist die Leitung die Bewerbenden auf die Zeit hin, bittet, zum Ende zu kommen; eine Präsentation kann schon nach 3 Minuten beendet sein; es kommt vor, dass Bewerber/inn/en auf die Präsentation verzichten; hin und wieder reichen den Beobachter/innen 5 bis 10 Minuten, um gesehen zu haben, was sie sehen möchten.

Die teilnehmenden jungen Erwachsenen schreiben ihre Wahrnehmungen auf den Rückmeldezettel. Ein kurzes Auswertungsgespräch mit einer der Beobachter/innen nimmt zusätzliche Wahrnehmungen auf.

Die Auswertung

Nach Präsentationsende erfolgt die Gesprächsauswertung ohne die Teilnehmenden. Die Gesprächsleitung nimmt den Faden auf. Sie fragt nach der aktuellen Verfassung der Bewerberin oder des Bewerbers. Es ist der JWG wichtig die emotionale Lage der/des Kandidat/inn/en wahrzunehmen und diese zu thematisieren. Diese Frage eröffnet das Reflexionsgespräch über die Präsentation. Dabei kommt zunächst der/die Bewerber/in zu Wort. Oft spricht sie/er auch schon über die eigene Zufriedenheit mit der Präsentation. Oder die Gesprächsleitung bittet um die Selbsteinschätzung zur Qualität der Präsentation. Was war gut gelaufen, was hätte anders sein können und was haben sie von den Teilnehmenden erfahren bzw. für ihre potentielle Arbeit wahrgenommen und mitgenommen? – sind die zentralen Fragen. Hier geht es auch um die Selbstreflexions- und einschätzungsfähigkeit der Bewerbenden. Wie sehen sie ihre Präsentation und wie schätzen sie die Qualität der Umsetzung ein. Haben sie ihre Ziele erreicht?

Danach teilt das Auswahlteam seine Eindrücke von der Vorstellung mit. Dabei wird sehr genau darauf geachtet, zunächst mit einer positiven Rückmeldung zu beginnen, danach Entwicklungsperspektiven zu eröffnen und zum Abschluss die Gesamtpräsentation noch einmal zu würdigen. Dieser Teil entspricht den Feedbackregeln: „positiv – negativ – positiv". Die/der Gesprächspartner/in wird mit der Rückmeldung zugleich motiviert, eigene Kompetenzen auf der Grundlage des Erreichten weiterzuentwickeln. Damit wird eine explizite Ressourcenorientierung realisiert.

Im Anschluss folgt die 2. Aufgabe, die Vorstellungen über die ersten 4 Wochen im Einarbeitungsprozess. Auch diese ist schriftlich vorbereitet und wird von uns entgegengenommen. Hier sieht das Auswahlteam vor allem, wie konkret die Vorstellungen von den anstehenden Alltagsprozessen sind. Es soll wahrgenommen werden können, wie schnell die Bewerber/innen in die anstehenden Aufgaben hineinwachsen können und welche eigenen Unterstützungsbedarfe sie sehen und formulieren. Es zeigt auch, wie intensiv sie sich im Vorfeld mit der möglichen Tätigkeit in der JWG auseinandergesetzt haben und wie realistisch ihre Vorstellungen sind. Auch hier zeigen sich große Unterschiede bei den Bewerber/inne/n.

Zum Abschluss befragt die JWG die Bewerber/innen noch einmal, wie es Ihnen jetzt mit dem gesamten Vorstellungsgespräch gegangen sei. Dabei wird von den Bewerber/innen häufig beschieden, dass dies zwar ein sehr ungewöhnliches, dennoch aber ein sehr nachvollziehbares und interessantes Verfahren ist, aus dem die Bewerber/innen für sich selbst viel mitnehmen konnten. Sie selbst hätten jetzt bessere Vorstellungen von dem, was sie in der JWG erwarte.

Nach Abschluss des Gespräches fließen die gesamten Erkenntnisse in die Personalentscheidung ein. Es findet ein Austausch über die Einschätzungen statt, Tendenzen über eine Entscheidung werden abgefragt. Anschließend werden die Rückmeldungen der Teilnehmer/innen angesehen und wahrgenommen.

Die Teilnehmer/innen halten in einer Matrix fest: „was fand ich gut", „was fand ich nicht so gut", „mein Gesamteindruck ist folgender: .... (Können Sie sich die/den Bewerber/in als Ihre/n Sozialpädagog/in bzw. als Ihre/n Praxisanleiter/in vorstellen?)" Die Einschätzungen der Teilnehmenden gehen zu den Bewerbungsunterlagen.

Hier einige Beispiele schriftlicher Rückmeldungen von den Teilnehmenden:
- Was war gut (++)?
  „Es war interessant! Weil man auch mitmachen konnte! Man konnte alles verstehen ☺; hat auch Material mitgebracht, supi! War schon cool! Sie ging auch genauer in die Themen. Sie hat uns auch mitreden lassen. Hat viel erzählt, Zeitschriften dazu gezeigt, Beispielbilder vorgelegt, ging auf das Thema genau ein, wir durften mitreden bzw. unsere Meinung dazu geben ...", „freundliches Auftreten" ...
- Was war nicht so gut (--)?
  „Es hat nur gestört, dass sie so langsam geredet hat! Nach einer Zeit war fast das Interesse weg; Schade, dass ich den Namen vergessen habe ☹; der Anfang war viel zu schnell, man hat kaum etwas verstanden am Anfang; Redet um den heißen Brei; hat ein bisschen zu langsam gesprochen, immer in einem Ton. Keine Betonung. ...", „Sie ist nicht richtig auf meinen Berufswunsch eingegangen" ...
- Gesamteindruck (als Sozialpädagog/e/in oder Ausbilder/in o.k?)
  „Sie geht gut auf die Menschen zu und das ist gut. Ich sag ja! Ja doch! Sie sollte es werden. ☺ ☺. Ahnung, wie es aussieht, hat sie von Medien und Gestaltung. Ist o.k. ...", „Ich kann mir keine Zusammenarbeit mit ihr vorstellen" ....

Zusätzlich berichtet die/der Kolleg/in/e aus dem Auswahl-Team über die Erkenntnisse des kurzen Abschlussgespräches mit den Teilnehmenden.

Im Konsens mit der Mitarbeiter/innenvertretung (MAV) trifft das Gremium eine Auswahlentscheidung. Mit diesem Verfahren haben alle Akteure eine größere Sicherheit, aufgrund der erweiterten Erkenntnisse, eine gute Entscheidung getroffen zu haben. Die Bewerber/innen werden über die Entscheidungen direkt telefonisch durch die Leitung unterrichtet.

Wirkungen des Verfahrens auf die Teilnehmenden in den Maßnahmen
Interessanter Nebeneffekt ist die Wahrnehmung der Wirkungen dieses Verfahrens auf die Teilnehmenden. Anfängliche Unsicherheit über das von ihnen Erwartete und die Angst diesen Anforderungen nicht gerecht zu werden, wandelt sich später in Stolz und Bewusstsein über die Wichtigkeit der Aufgabe für die Personalauswahl. Die jungen Erwachsenen werden sich ihrer Verantwortung bewusst und entwickeln eine Ergebnisneugier: „welche der Kandidat/innen wird es werden?" Gleichzeitig spüren sie die Wichtigkeit ihrer Personen, und sehen deutlicher die Wichtigkeit der Fördergespräche, des Unterrichtes und der Unterweisungen in den Werkstätten innerhalb der berufsvorbereitenden Maßnahmen. Diese Erfahrung wirkt sich auf ihre eigenen Vorstellungsgespräche und auf die weiter Arbeit in der JWG positiv aus. Und sie entwickeln sich in den Förderplangesprächen und Unterweisungen bzw. Unterrichtseinheiten weiter: wenn beispielsweise 4 oder 5 Vorstellungsgespräche mit den selben Proband/inn/en durchgeführt werden, so wissen die Teilnehmenden im 3. oder 4. Gespräch beispielsweise Antworten auf Fragen, die sie in den ersten beiden Gesprächen noch unbeantwortet ließen. Das ist spannend zu beobachten. Und nicht zuletzt: Die JWG stellte mit Erstaunen fest, dass die Beurteilungen der Teilnehmenden über die Bewerber/innen ein hohes Maß an Übereinstimmung mit den Einschätzungen der Leitung ausweisen. Kurz: Diese Präsentationen eröffnen Welten, die die Auswahlentscheidung nachhaltig intensivieren.

Aufgaben und Hintergrundmaterialien:

Aufgabe zur Vorbereitung auf das Vorstellungsgespräch als Sozialpädagog/e/in in einer ABM in der JWG:
Bitte bereiten Sie beide Aufgaben schriftlich vor.
      1. Sie führen mit einem/r Teilnehmer/in ein Erstgespräch von 15 Minuten. Erstellen Sie zur Vorbereitung einen Leitfaden für das Förderplangespräch (Ermitteln und dokumentieren von Ressourcen, Kompetenzen, Entwicklungs- und Förderbedarfen, Zielen). Sie lernen die Teilnehmende in diesem Gespräch erstmals kennen. Den Förderplan erstellen Sie in Zusammenarbeit mit dem/der Teilnehmenden. Treffen Sie eine gemeinsame Vereinbarung für die nächsten Schritte. *Beachten Sie Case Managementprinzipien.* Zeit für das Gespräch und gleichzeitige Dokumentation: 15 Minuten
Zur Orientierung erhalten Sie Hintergrundinformationen zur JWG, zur ABM und zwei Profile möglicher Teilnehmender für das Förderplangespräch (s. Anlage)
      2. Bitte stellen Sie uns bezogen auf Ihre Aufgaben vor, wie Sie sich die ersten 4 Wochen vorstellen, wenn Sie die Stelle anträten. Was würden

Sie konkret tun? Was benötigen Sie für die Einarbeitung? Bereiten Sie uns dies bitte auch schriftlich vor, damit wir darüber sprechen können.

Aufgabe zur Vorbereitung auf das Vorstellungsgespräch als Praxisanleiter/in in einer ABM in der JWG:
Sie wollen als Praxisanleiter/in in der JWG eine Gruppe von bis zu 12 Teilnehmer/inne/n (junge Erwachsene ohne Berufsausbildung) auf die Ausbildung oder Arbeit vorbereiten. In diesem Kontext unterweisen Sie die Teilnehmer/innen in die beruflichen Anforderungen.

1. Wir bitten Sie, für eine Kleingruppe von ca. 3-4 Teilnehmer/inne/n eine Unterweisung zu einem Thema Ihrer freien Wahl (entsprechend des anzuleitenden Fachgebietes: Verkauf, Einzelhandel, Fan-Shop) vorzubereiten. Die Unterweisung dauert max. 15 Minuten.
   Diese Unterweisungseinheit möchten wir von Ihnen schriftlich vorbereitet zur Verfügung gestellt bekommen. Sie präsentieren diese bitte zunächst kurz im Vorstellungsgespräch.
   Anschließend führen Sie diese Unterweisung in unserem Seminarraum mit 3-4 Teilnehmenden durch. Im anschließenden Gespräch werten wir Ihre Präsentation gemeinsam aus. *(Hinweis: die Teilnehmenden kommen nicht unbedingt aus Ihrem Fachgebiet!)*
   Zur Orientierung erhalten Sie Hintergrundinformationen zur JWG und zur ABM.

2. Bitte stellen Sie uns bezogen auf Ihre Aufgaben vor, wie Sie sich die ersten 4 Wochen vorstellen, wenn Sie die Stelle anträten. Was würden Sie konkret tun? Was benötigen Sie für die Einarbeitung? Bereiten Sie uns dies bitte auch schriftlich vor, damit wir darüber sprechen können.

Hintergrundinformationen zur JWG und ABM
Die Jugendwerkstatt Gifhorn (JWG) ist eine unselbstständige Einrichtung des ev.- luth. Kirchenkreises Gifhorn. Die JWG führt seit 1984 verschiedene berufsvorbereitende Maßnahmen für erwerbslose junge Erwachsene bis 27 Jahren durch. Wir verfügen über 3 Standorte. Die jungen Erwachsenen werden in 9 Werkbereichen qualifiziert.

ABM
Die Teilnehmer/innen (bis zu 24 Jahre alt, keine abgeschlossene Berufsausbildung) werden für max. 12 Monate beruflich vorbereitet. Die Zuweisung erfolgt über die ARGE oder die Agentur für Arbeit Gifhorn. Ziel ist eine Vermittlung in Ausbildung oder Arbeit. Neben der berufspraktischen und –theoretischen Qualifizierung werden sie schultheoretisch qualifiziert (Vorbereitung auf Ausbildung)

und sozialpädagogisch begleitet. Der/die Sozialpädagoge/in ist verantwortlich für die Förder- und Qualifizierungsplanung und führt regelmäßige Einzelgespräche, bietet Projekte, Unterricht und sozialpädagogische Gruppenangebote an. In folgenden JWG-Werkstätten arbeiten die ABM-TN mit und werden berufspraktisch qualifiziert:

- Tischlerei
- Fahrradwerkstatt
- Hauswirtschaft
- Verkauf & Handel
- Garten-, Landschaftsbau
- Mediengestaltung

Kurzbeschreibung Inhalte / Ablauf ABM
- Wöchentliche Anwesenheit der Teilnehmenden 32 Stunden.
- Fachliche Anleitung und berufspraktische Qualifizierung in der Werkstatt.
- Sozialpädagogische Begleitung: regelmäßige Einzelgespräche und nach Bedarf; Krisenintervention.
- Sozialpädagogisches Gruppenangebot.
- Einzel- oder Kleinstgruppenunterricht.
- Projekte, Exkursionen.
- Sozialpädagoge/in hat täglich Kontakt zu den Werkstätten/Praxisanleitern/ innen (Anwesenheit der TN, besondere Vorkommnisse).
- ggf. Elternarbeit, Kontakt zu Behörden (z.B. Jugendamt), Kontakt zur Arge / Agentur für Arbeit etc.
- Netzwerkarbeit, Kooperationen; Überleitung an externe Beratungsstellen z.B. Drogen- und Schuldnerberatung, etc.
- Berufliche Orientierung, mithilfe z.B. Schnupperpraktika in den anderen Abteilungen der JWG, Betriebspraktikum
- Bewerbungstraining, Stellensuche, …
- Weitere Förderelemente
- Prinzipien des Case-Managements.

Kurzprofile von Teilnehmenden:
Olaf Scholz, 18 Jahre alt,
     möchte gern wie sein Vater Maurer werden. Er lebt mit seiner Mutter und zwei kleinen Brüdern zusammen in Gifhorn. Ein Praktikum hätte ihm beinahe einen Ausbildungsplatz beschert, aber wegen mangelnder Aufträge bildet der Betrieb nun doch nicht aus. Olaf Scholz ist seit 4 Monaten in der ABM der ARGE, im Werkbereich GaLa eingesetzt. Er ist sehr zuverlässig und hatte für seine Gruppe die „Vorarbeiterfunktion" während der Arbeitseinsätze, an denen der Praxisanleiter nicht vor Ort

sein konnte. Nach der Hauptschule (Abgangszeugnis 8. Klasse) hat er zunächst das BVJ absolviert, dann das BGJ, jeweils im Bereich „Bau". Das BGJ hat er bei 24 Fehltagen ohne Hauptschulabschluss verlassen. Innerhalb der ABM nimmt er am Unterrichtsangebot „Mathematik: Flächenberechnung" teil.

Semra Özcan, 20 Jahre alt,

hat Realschulabschluss, jedoch eine schlechte Note in Mathematik. Dies ist ein Hindernis bei vielen Bewerbungen. Ihr Deutsch ist gut. Sie hat sehr gute PC-Kenntnisse und ist gut organisiert. Am liebsten möchte sie Kauffrau im Einzelhandel werden. Zu einer Eignungsfeststellung zu dieser Ausbildung bei einem Einzelhändler war sie eingeladen, war dann den Tag krank und hat so diese Chance verpasst. Sie bewirbt sich weiterhin aktiv für einen Ausbildungsplatz auch zur Bürokauffrau und in der Altenpflege. Dabei ist sie nicht an die Region gebunden. Frau Özcan ist seit sieben Monaten in der ABM der Agentur für Arbeit im Werkstattbereich „Verkauf/Fan-Shop" eingesetzt. Hier hat sie den Qualifizierungsbaustein „Einzelhandel I" erfolgreich abgeschlossen. Nach dem Besuch der Realschule (Klasse 10, 1 x wiederholt) hat sie zehn Monate an einer BvB teilgenommen. Sie lebt mit ihrer Familie (Eltern, 2 ältere Brüder, 1 jüngere Schwester) im Landkreis. In ihrer Freizeit trifft sie sich gern mit Freund/inn/en und fährt Inliner. Sie hat keinen Führerschein.

3.6 Entgeltgestaltung und Personalkosten

3.6.1 Entgeltgestaltung

Eine wichtige Anreizgestaltung liegt in der monetären Gegenleistung der erbrachten Arbeit. Ziel aller hauptamtlich Mitarbeitenden in Organisationen ist eine angemessene Entlohnung.

Die betriebliche Entgelt- und Anreizgestaltung, insbesondere die monetären Leistungen einer Organisation, basieren stets auf einer Werteentscheidung über die als gerecht angesehene Bemessungsgrundlage.

Ein Entgeltsystem steht grundsätzlich im Spannungsfeld von vier Prinzipien der Verteilungsgerechtigkeit (vgl. Klimecki, Gmür 2005: 297):
- Leistungsgerechtigkeit: Die Entgeltgestaltung entspricht der Leistung und dem Verhalten
- Anforderungsgerechtigkeit: Die Entgeltgestaltung entspricht den Anforderungen.
- Sozialgerechtigkeit: Die Entgeltgestaltung entspricht den gesellschaftlichen Anforderungen (auch: gesetzliche und freiwillige Sozialleistungen)
- Marktgerechtigkeit: Die Entgeltgestaltung ist wettbewerbsfähig.

Die Entgeltgestaltung unterscheidet grundsätzlich zwei Formen:
1. *Zeitlöhne bzw. Zeitentgelte* sind die in Gesundheits- und Sozialorganisationen die allgemein bekannten und herkömmlichen Verfahren. Sie stellten bislang die Grundlagen der Angestelltenvergütung nach dem (nunmehr abgelösten) BAT (Bundesangestelltentarif) dar. Die Arbeitnehmenden wurden nach Arbeitszeit bezahlt und die Entgelthöhe war bisher nicht abhängig von der erbrachten Leistung.
2. *Der Leistungslohn* bemisst sich nach der Leistungsmenge und der Leistungsgüte. Während beim Akkordlohn die quantitative Mehrleistung im Vordergrund steht, ist es bei Prämienlohn sehr unterschiedlich, wie sich der variable Vergütungsbestandteil errechnet. Allgemein formuliert, erfolgt der Leistungszuschlag in der Regel über Bewertungssysteme, mit denen der Grad der Zielerreichung festgestellt wird.

Als so genannte Cafeteria-Systeme werden Konzepte einer individualisierten Entgelt- und Sozialleistungspolitik bezeichnet, bei denen die Mitarbeitenden die Möglichkeit haben, betriebliche Sozialleistungen entsprechend ihren persönlichen Präferenzen aus vorgegebenen Alternativen auszuwählen. In dieses Auswahlsystem können auch Entgeltkomponenten einbezogen werden (vgl. Weber et. al. 1998: 214).

Die Frage, was eine „gerechte" Entgeltgestaltung erfordert, eröffnet ein umfangreiches Diskussionsfeld. Dennoch lässt sich gegenwärtig ein Mainstream erkennen. Brewster und Kabst sprechen von einem „Credo moderner Vergütungspolitik", dass das Entgelt der Mitarbeitenden in Beziehung zum Arbeitsresultat gesetzt werden soll. Sie zeigen auf, dass sich die Formen der Variabilisierung des Einkommens jedoch deutlich zwischen den europäischen Ländern unterscheiden. Sie resümieren, dass in Deutschland variable Vergütungssysteme in den letzten 15 Jahren zugenommen haben, jedoch der Verbreitungsgrad deutlich niedriger liegt als der in anderen europäischen Ländern.

Dass die Variabilisierung der Entgeltgestaltung auch Einzug in die Soziale Arbeit gefunden hat, wird mit den neuen Tarifverträgen deutlich.

3.6.2 Tarifvertrag des öffentlichen Dienstes

Der Tarifvertrag des öffentlichen Dienstes (TVöD) bzw. der Tarifvertrag der Länder (TV-L) haben nunmehr den Bundesangestelltentarif (BAT) abgelöst. Dem TVöD unterliegen neben ca. 2,1 Millionen Mitarbeitende in Bund und Kommunen weitere 900.000 Mitarbeiterinnen und Mitarbeiter in Wohlfahrtseinrichtungen (vgl. Kolhoff, Kortendieck 2006: 129).

Mit den Tarifverträgen geht eine Forderung einher, dass auch in sozialen Organisationen moderne Entlohnungssysteme eingeführt werden. Auf der Grundlage einer variablen, qualifikationsbasierenden, leistungs- und ergebnisorientierten Entlohnung soll mehr Eigenverantwortung der Mitarbeitenden erreicht werden und eine kontinuierliche Verbesserung aller organisatorischer Strukturen und Abläufe erzielt werden. Die Zielsetzung leistungsbezogener Entgeltgestaltungen liegt damit explizit in Ertragssteigerungen bzw. Kostensenkungen von Organisationen.

Unter der Bezeichnung öffentlicher Dienst wird die Arbeit der Bediensteten von öffentlich-rechtlichen Körperschaften und Anstalten verstanden. Die wesentlichen Änderungen des TVöD und des TVL im Vergleich zum bisherigen BAT sind zum einen die Vereinheitlichung des Tarifwerks für verschiedene Mitarbeitergruppen (ArbeiterInnen, Angestellte und Pflegebeschäftigte) sowie zum anderen die Abkehr vom dienstalter- und familienbezogenen Bezahlung hin zu einem erfahrungs- und leistungsorientierten Entgeltsystem.

Im TVöD wie auch im TVL sind Vergütungsbestandteile wie der Verheiratetenzuschlag, die Kinderzuschläge im Ortszuschlag weggefallen (Ausnahmen bestehen in den Überleitungsregelungen). Das Weihnachts- und Urlaubsgeld wird als reduzierte Jahressonderzahlung ausgezahlt.

Die Entgelttabelle des TVöD besteht aus 15 Entgeltgruppen sowie 2 Grundstufen und vier Entwicklungsstufen. Ein Aufstieg in die nächsthöhere Stufe erfolgt in der Regel nach der Dauer der Berufserfahrung beim gleichen Arbeitgeber. Ein Aufstieg von Grundstufe 1 auf 2 nach einem Jahr, von Stufe 2 auf 3 nach zwei weiteren Jahren, von Stufe 3 auf 4 nach weiteren drei Jahren vorgesehen. Ab Stufe 3 kann die Dauer der Zeiten des Aufstiegs leistungsbezogen verlängert oder verkürzt werden.

Das bisherige Entgeltsystem des Bundesangestelltentarifs (BAT) beruhte in erster Linie auf Dienstalterstufen und Familienstand. Im Gegensatz zum Leistungsprinzip stand bei der bisherigen Konzeption des BAT analog zur Beamtenversorgung der Sicherungsaspekt im Vordergrund. Grundlagen waren Vorstellungen zu einem lebenslangen Arbeitsverhältnis, ruhegehaltsfähige Zulagen, konstante und stetig steigende Einkommen auch bei Leistungsschwankungen. Mit dem TVöD wird nun auch für die Angestellten im öffentlichen Dienst die variable, leistungsorientierte Bezahlung eingeführt.

Ziel der Tarifparteien war die Einführung einer leistungsorientierten Entlohnungskomponente. Zu einem späteren Zeitpunkt sollen insgesamt 8% der Lohnsumme zukünftig als Leistungsbezahlung an die Mitarbeitenden ausgeschüttet werden. Die Ermittlung der Mitarbeitenden, welche eine Leistungszulage oder -prämie erhalten, erfolgt entweder durch eine systematische Leistungsbewertung und/oder Zielvereinbarungen.

3.6.3 Leistungsorientierte Entgeltgestaltung

Die Einführung aller leistungsbezogenen Vergütungsansätze basiert auf der Annahme, dass äußere Anreize, Belohnungen und Gratifikationen dazu geeignet sind, die Leistungen der Mitarbeitenden zu steigern und die Bindung an die Organisation zu erhöhen.

Grundsätzlich sind zwei Prinzipien zu unterscheiden:
- *Prinzip der Äquivalenz von Entgelt und Anforderungsgrad.* Anforderungsgerechtes Entgelt: Das Entgelt wird in Abhängigkeit von den Anforderungen der Stelle (Schwierigkeitsgrad der Arbeit) festgelegt. Instrument: Lohndifferenzierung mit Unterstützung von Arbeitsbewertungsverfahren.
- *Prinzip der Äquivalenz von Entgelt und Leistungsgrad.* Leistungsgerechtes Entgelt: das Entgelt soll den tatsächlichen Leistungen der Mitarbeitenden entsprechen, d.h. zusätzliche Differenzierung der Entgelte nach unterschied-

licher Leistung bei gleichbleibender Arbeitsschwierigkeit. Instrument: Differenzierung der Entgelthöhe durch die Berücksichtigung von quantitativen und qualitativen Arbeitsergebnissen im Rahmen von verschiedenen Lohnformen.

Bei der Gestaltung von leistungsbezogenen Entgeltsystemen finden damit oft zwei Entgeltsysteme Berücksichtigung:

- Die objektiven Arbeitsanforderungen gehen in die Stellenbewertung ein und stellen die Basis für den Grundlohn dar (Zeitlohn),
- Die individuelle Ausgestaltung der Erfüllung von Anforderungen (Quantität und Qualität) bildet die Grundlage für den Leistungslohn.

Während Zielvereinbarungen eher darauf abzielen, die intrinsische Motivation von Mitarbeitenden zu stärken, zielen leistungsorientierte Vergütungen auf die extrinsische Motivation ab. Eine Leistungssteigerung soll durch die Aussicht auf eine Prämie, einen Bonus als Zusatz zum Entgelt oder als Sachmittel erreicht werden (vgl. Hölzle 2006: 223f.).

Folgende Kritikpunkte einer leistungsorientierten Entgeltgestaltung werden insbesondere für Gesundheits- und Sozialorganisationen angeführt:

- Notwendigkeit der Quantifizierung von qualitativen Daten
- Gefahr, dass die zahlenbasierten Ergebnisse einem ausschließlich kurzfristigen Denken und einer zu schematische Verwendung der dargestellten Ergebnisse Vorschub leisten
- Probleme des Datenschutzes
- Hoher Aufwand für die ständige Aktualisierung der Datenbestände. Ein günstiges Kosten-Nutzen-Verhältnis ergibt sich erst bei großen Datenmengen, d.h. für größere Organisationen (vgl. Pracht 2002: 216).

Leistungsbezogene Entgeltbausteine beziehen sich oft auf die einzelnen Mitarbeitenden und einzelnen Führungskräfte in einer Organisation. Sie können aber auch auf Team oder Arbeitsbereiche bezogenen werden.
Eine Kritik an individuell ausgerichteten Leistungsentgeltbausteinen gerade in NPO oft geübt wird, ist die Belohnung von Einzelleistungen. So wird angenommen, dass hierdurch die Aufmerksamkeit der Mitarbeitenden mit großem Nachdruck auf die Frage, was *er/sie* tun muss, um die maximale Prämie zu bekommen ohne Berücksichtigung der Konsequenzen das für das Gesamtergebnis und für die KollegInnen. Mit dieser Folgewirkung wird insbesondere für Organisationen der Sozialen Arbeit ein Widerspruch zur nachhaltigen Ausrichtung der Arbeit befürchtet.

3.6.4   Ein Praxisbeispiel zur leistungsorientierten Bezahlung

Das Praxisbeispiel, das im Fachforum vorgestellt und diskutiert wurde, beinhaltete ein realisiertes Konzept für eine leistungsorientierte Entgeltgestaltung im Rahmen des Geltungsbereiches des TVöD. Die Einrichtung aus dem Bereich der Kinder- und Jugendhilfe hat durch eine Dienstvereinbarung die Entgeltsystematik und die -ausgestaltung konkretisiert. Kernbausteine dieses Konzepts sind die Leistungsbewertung und die Zielvereinbarung. Vereinbart wurde die Kombination (Verzahnung) aus einer *systematischen Leistungsbewertung* auf der einen Seite und einer *Zielvereinbarung* auf der anderen Seite. Beide Systeme sind jeweils auf ein Kalenderjahr ausgerichtet.

Die systematische Leistungsbewertung formuliert fünf Merkmale: Leistungsqualität, Leistungsquantität, Einsatzbereitschaft und Belastbarkeit, Kooperation und Koordination sowie als fünftes Merkmal das selbstständige Arbeiten. Jedes dieser fünf Merkmale wird mit Punkten bewertet. Die Formulierung ‚erfüllt die Leistungserwartung mit erheblichen Einschränkungen" ergibt hierbei einen Punktwert von eins, während fünf Punkte als höchster Wert die Formulierung ‚übertrifft die Leistungserwartung erheblich und dauerhaft' kennzeichnet. Alle Punktwerte der fünf Leistungsmerkmale werden addiert.

Zur systematischen Leistungsbewertung wurden fünf Merkmale festgelegt, die eine Bestimmung der Leistung strukturieren:
- Leistungsqualität
- Leistungsquantität
- Einsatzbereitschaft und Belastbarkeit
- Kooperation und Koordination
- Selbstständiges Arbeiten.

Diese Merkmale werden jeweils in einer Punkteskala von 1 bis 5 bewertet:
- 1 Punkt: erfüllt die Leistungserwartungen mit erheblichen Einschränkungen
- 2 Punkte: erfüllt die Leistungserwartungen mit Einschränkungen
- 3 Punkte: erfüllt die Leistungserwartungen uneingeschränkt
- 4 Punkte: übertrifft die Leistungserwartungen
- 5 Punkte: übertrifft die Leistungserwartungen erheblich und dauerhaft.
Die erzielten Punkte der fünf Merkmale werden addiert.

Für die Zielvereinbarung sieht das Praxisbeispiel die Formulierung von maximal drei Zielen vor. Folgende Punkteskalen sind hier aufgestellt:
- 0 Punkte: Das Ziel wurde nicht erreicht
- 5 Punkte: Das Ziel wurde mit deutlichen Einschränkungen erfüllt

- 10 Punkte: Das Ziel wurde mit Einschränkungen erfüllt
- 20 Punkte: Das Ziel wurde erfüllt
- 25 Punkte: Das Ziel wurde deutlich übertroffen.

Die einzelnen Ziele werden anteilig gewichtet und die jeweiligen Punktezahlen addiert.

Zur Berechnung der Bewertungspunkte werden beide Ergebnisse (die Summe der Leistungsbewertung und die der Zielvereinbarung) gewichtet. Das Gesamtergebnis ergibt sich zu 90% aus der Leistungsbewertung und zu 10% aus der Zielvereinbarung. Die Gesamtbewertungspunkte entscheiden über die Höhe des leistungsorientierten Zusatzentgeltes zum jährlichen Grundgehalt.

Unterstützende Arbeitshilfen für die Führungskräfte:
Eine Arbeitshilfe zur Leistungsbewertung, die diese fünf Leistungsmerkmale enthält, fordert Führungskräfte auf zu notieren, wie für den jeweiligen Mitarbeitenden diese Merkmale zu beobachten sind. Darüber hinaus werden die Führungskräfte aufgefordert, zu jedem Merkmal mindestens ein Beispiel zu formulieren, dass die Frage beantwortet: Woran erkennen Sie als Führungskraft, das die Mitarbeiterin bzw. der Mitarbeiter diese Erwartung erfüllt oder übertrifft?

Eine Arbeitshilfe für die Erstellung von Zielvereinbarungen enthält neben den Zielanforderungen folgende Fragestellungen:
- Was soll erreicht werden?
- Bis wann soll das Ziel erreicht sein und welche Meilensteine verabreden wir?
- Wie/Woran werden wir den Zielerreichungsgrad ermitteln?
- Welchen übergeordneten Sinn hat das Ziel? Wozu leistet es einen Beitrag?
- Welche zusätzlichen Maßnahmen/Ressourcen/Unterstützungsmaßnahmen werden ggf. benötigt?

Die Organisation plant, den Anteil der Gewichtung aus der Zielvereinbarung langsam gegenüber der Leistungsbewertung in den kommenden Jahren zu erhöhen.

Eine erste Mitarbeiterbefragung des Personalrates nach Umsetzung der leistungsorientierten Bezahlung stellt neben weiteren deutlichen Zweifeln gegenüber dem Konzept zwei Ergebnisse heraus: Zum einen wünschten sich die Mitarbeitende eine freie Wahl zwischen der systematischer Leistungsbewertung und der Zielvereinbarung sowie zum anderen mehr Möglichkeiten, Teamziele zu vereinbaren.

3.7 Personalführung

3.7.1 Führung und Komplexität

Es existiert keine allgemein anerkannte Definition des Begriffs der Personalführung. Der Bedeutungsinhalt ist sehr komplex. Hentze et al. (2005: 18) zitieren die Untersuchung von Bass (1990: 11f.), in der auf der Basis von annähernd 7500 Quellen allein elf verschiedene Definitionsmerkmale von Führung zusammengestellt werden:

- Führung als Mittelpunkt des Gruppenprozesses
- Führung als Persönlichkeit des Führenden
- Führung als Fähigkeit oder Kunst, Einverständnis zu erreichen
- Führung als Ausübung von Einfluss
- Führung als Handlung oder Verhalten
- Führung als Form der Überredung bzw. Überzeugung
- Führung als Machtbeziehung
- Führung als Instrument der Zielerreichung
- Führung als Ergebnis von Interaktion
- Führung als Rollendifferenzierung
- Führung als Initiierung von Strukturen.

Eine weitgehend konsensfähige Definition gibt Wunderer: „Führung wird verstanden als ziel- und ergebnisorientierte, aktivierende und wechselseitige, soziale Beeinflussung zur Erfüllung gemeinsamer Aufgaben in und mit einer strukturierten Arbeitssituation." (2003: 140)

Konkreter auf die Dimension der Verhaltenssteuerung geht die Definition von Kolhoff, Kortendieck ein: „Bei der Personalführung geht es um die direkte personale Beeinflussung des Verhaltens der Mitarbeiter" (2006: 28).

Die Führungsfunktionen lassen sich konzentriert in zwei Bereiche unterteilen: in die Lokomotionsfunktion, die der Erreichung von Zielen dient und der Kohäsionsfunktion, die dem inneren Zusammenhang von Zielen und dem Bestand einer Gruppe dient.

Das Thema Personalführung trifft in vielen sozialen Organisationen auf eine abwehrende Haltung. Insbesondere der Machtaspekt und die explizite Verhaltenssteuerung scheinen mit der Wertvorstellung von Gleichberechtigung zu kollidieren. Oft wird in Nonprofit-Organisationen der Begriff der Leitung dem Begriff der Führungskraft vorgezogen.

Führungsgrundsätze oder -leitlinien, in denen vor allem allgemeine Verhaltensempfehlungen für den Umgang zwischen Führungskraft und Mitarbeitenden formuliert werden, finden in Profit-Organisationen breite Anwendung. Auch

Einrichtungen im Sozialbereich oder im Bereich des Gesundheitswesens entwickeln zunehmend im Rahmen der Leitbildentwicklungsprozesse Führungsgrundsätze (vgl. Pracht 2002: 194).

3.7.2 Mitarbeitergespräche

MitarbeiterInnengespräche als Oberbegriff umfassen alle Gespräche zwischen einer Führungskraft und Mitarbeitenden, die von beiden Gesprächsteilnehmenden geplant, vorbereitet und systematisch durchgeführt werden. Es „bedarf eines Ortes, an dem dabei vernachlässigte elementare Fragen des Verhältnisses von Individuum und Organisation zum Gegenstand von Kommunikation und Reflexion gemacht werden können" (Merchel 2004: 85). Alltagskommunikation ist dagegen eher auf operative Fragestellungen ausgerichtet.

Zu differenzieren sind zum einen MitarbeiterInnengespräche, die regelmäßig und terminbezogen stattfinden. Hierzu gehören die Zielvereinbarungsgespräche, MitarbeiterInnenentwicklungsgespräche, Beurteilungsgespräche, MitarbeiterInnenjahresgespräche sowie auch Gespräche zur leistungsorientierten Bezahlung. Zum anderen können MitarbeiterInnengespräche auch anlassbezogen stattfinden. Beispiele hierfür sind Einführungsgespräche, Probezeitgespräche, Fehlzeitengespräche, Rückkehrgespräche nach Mutterschutz-, Elternzeit oder Krankheit, Kontakthaltegespräche (z.B. während der Elternzeit), aber auch Disziplinargespräche oder Austrittsgespräche.

Originär werden die Mitarbeitergespräche dem Bereich der Personalführung zugeordnet. Sie spielen aber in der Personalentwicklung eine herausragende Rolle. Mitarbeitergespräche stellen ein zentrales Instrument dar, weil sich verschiedene Funktionen im Rahmen der Personalentwicklung hier vernetzen lassen (Führung, Coaching, Diagnose und Controlling).

Mitarbeitergespräche haben in den letzten Jahren zunehmend nicht nur in öffentlichen Verwaltungen, sondern auch in sozialen Organisationen als Personalentwicklungsmaßnahmen Eingang gefunden (vgl. Hölzle 2006: 79).

Werling hat 2006 17 unterschiedliche Einrichtungen der stationären Jugendhilfe zum Thema MitarbeiterInnengespräche interviewt. Sie hält als Ergebnis fest, dass mehr als die Hälfte der befragten Führungskräfte grundsätzlich regelmäßig oder unregelmäßig MitarbeiterInnengespräche durchführen (vgl. Werling 2008: 11). Hier ist anzumerken, dass zum einen unregelmäßig durchgeführte MitarbeiterInnengespräche eher nicht die geforderte Systematik erreichen und zum anderen ist auch zu hinterfragen, welche Einrichtung sagen würde, dass Gespräche mit den Mitarbeitenden nicht durchgeführt werden. Werling zieht den Schluss aus ihrer Befragung, dass die Relevanz von MitarbeiterInnengesprächen zunehmend deutlicher in den Einrichtungen wahrgenommen wird (vgl. Werling: 2008: 13).

Im Fachforum wurden die unterschiedlichen MitarbeiterInnengespräche differenziert. Unterschieden wurden Zielvereinbarungsgespräche, MitarbeiterInnenentwicklungsgespräche, Gespräche auf der Basis vorhandener leistungsbezogener Vergütungsbausteine und MitarbeiterInnenjahresgespräche. In der Diskussion wurden eher grobe und offene Leitfäden und Konzepte der MitarbeiterInnengespräche präferiert. Konzepte, die sich durch tiefgegliederte vorgefertigte Formulare und durch ein hohes Maß an Standardisierung kennzeichnen, wurden als wenig wertschätzend eingeschätzt. MitarbeiterInnengespräche, deren Kernkonzeption sich durch ein eher mechanisches Vorgehen charakterisieren (im Sinne von ,Kreuze in Formularen setzen'), würden diese Einschätzung noch verstärken.

Als relevante und positiv eingeschätzte Wirkungen von systematischen, d.h. geplanten und vor- und nachbereiteten MitarbeiterInnengesprächen wurden im Fachforum Personalmanagement herausgestellt:

- Klärung der Aufgabenstellung: Ziel ist die Transparenz der Arbeitsaufgaben.
- Motivation der Mitarbeitenden: Mitarbeitergespräche geben Zeit und Raum für Wertschätzung und Aktivierung der Mitarbeitenden.
- Systematische Maßnahmenplanung für einen bestimmten Zeitraum: Entwicklungsmaßnahmen planen, Förderung der Lernbereitschaft der Mitarbeitenden.
- Systematische Ablaufplanung: Führungsbeziehung reflektieren und verbessern. Verbesserung der Zusammenarbeit.

Mit diesen Maßnahmen wurden seitens der Praktiker die MitarbeiterInnengespräche als wichtiges Instrument der Personalführung eingeschätzt. Als Anforderungen für eine Professionalisierung (hier i.S. einer Verbesserung der Effektivität eines Instruments der Personalentwicklung) wurde im Forum diskutiert, die Führungskräfte, die MitarbeiterInnengespräche durchführen, auch an der Qualität dieser Gespräche zu messen. Als Ideen hierfür wurden neben Schulungen zur Vorbereitung auf diese Gespräche auch geeignete Feedbackverfahren für die Führungskräfte erörtert. Hierbei würden die Mitarbeitenden die Qualität der MitarbeiterInnengespräche rückmelden.

3.7.3 Zielvereinbarungen

Kern und Anliegen von Zielvereinbarungen lassen sich wie folgt charakterisieren: In idealtypischer Weise sind sie das schriftlich dokumentierte Ergebnis eines dialogischen Prozesses zwischen Führungskraft und MitarbeiterInnen (individuell oder Team), in dem Ziele für einen Zeitraum definiert, Indikatoren für das Beurteilen des Grades der Zielerreichung benannt, Voraussetzungen für die Zielerreichung angegeben, genaue Anforderungen an die Unterstützung durch die Führungskraft (bzw. durch die Führungskräfte) formuliert, Formen der Ergebnisdokumentation vereinbart sowie auch Zeitpunkt und Formen der Ergebniskontrolle bezeichnet werden (vgl. Merchel 2004: 100f).

In der Praxis birgt die Formulierung von Zielen oft Schwierigkeiten. Entscheidend ist, dass die Ziele nicht allein von der Führungskraft aufgestellt werden, sondern gemeinsam mit den Mitarbeitenden entwickelt und abgestimmt werden. Sie müssen so klar beschrieben werden, dass die Mitarbeitenden auf dieser Grundlage eigenverantwortlich im Rahmen ihrer Arbeitsbereiche handeln können.

Kolhoff, Kortendieck veranschaulichen an einem Beispiel die Schwierigkeit deutliche, operationale und in sich widerspruchsfreie Ziele zu formulieren: Wenn eine Sozialpädagogin, die einen Integrationskurs für jugendliche AussiedlerInnen in einer kirchlichen Bildungseinrichtung leitet bei der Vermittlung von Teilnehmenden großen Erfolg, hat, wird die Zahlung für Lehrgangsteilnehmer eingestellt (sofern keine Teilnehmenden vom Auftraggeber nachbewilligt werden). In diesem Fall ist die Vermittlungsquote als gut zu bewerten, aber die Finanzierung der Organisation nicht. Legt die Sozialpädagogin großen Wert auf Schlüsselkompetenzen wie pünktliches Erscheinen der einzelnen Teilnehmenden und setzt dies mit Strenge und Sanktionen durch, werden die Auftraggeber und beteiligte Organisationen zufrieden sein. Eine Evaluierung der Teilnehmerzufriedenheit könnte dagegen schlechte Werte zur Folge haben (vgl. Kolhoff, Kortendieck 2006: 136).

Aus dem Beispiel ist die Erkenntnis abzuleiten, dass Zielvereinbarungen immer gemeinsam mit den Mitarbeitenden festzulegen sind. Zielinkonsistenzen sind so einfacher zu identifizieren. Zielvereinbarungen liegen thematisch nah an den Beurteilungen. Aus den Zielvereinbarungen lassen sich Sollvorgaben, die nach einem festgelegten Zeitraum überprüft werden. Dieses Ergebnis bildet sich dann in der Mitarbeiterbeurteilung ab: im Bereich der Leistungsbeurteilung bzw. im Bereich der Verhaltensbeurteilung.

Nach Merchel nehmen strukturierte Mitarbeitergespräche hierbei eine zentrale Rolle ein. „In der Gestaltung dieser Mitarbeitergespräche und in deren Einordnung in den Gesamtzusammenhang des Personalmanagements entscheidet sich wesentlich, ob Zielvereinbarungen zu einem wirksamen und strukturgebenden Modus des Leitungshandelns ausgestaltet werden können" (Merchel 2004: 103).

3.7.4   Praxisbeitrag zur Personalführung
         Führungskompetenzen in der Sozialen Arbeit
         (Heike Witte)

Im Rahmen des Seminars Personalmanagement haben sich Studierende der Fakultät Soziale Arbeit der HAWK Hildesheim Holzminden Göttingen mit der Frage auseinander gesetzt, welche Kompetenzen eine gute Führungskraft der Sozialen Arbeit haben muss. Die Ergebnisse der Studierenden wurden im Fachforum Personalmanagement, bestehend aus Führungskräften der unterschiedlichsten Bereiche der Sozialen Arbeit vorgestellt. Anschließend wurden die Kriterien durch die Führungskräfte nach ihrer Relevanz für die eigene Praxis bewertet. Eine Befragung der pädagogischen Fachkräfte in zwei Kindertagesstätten zeigte die wichtigsten Führungskompetenzen aus Sicht dieser Mitarbeiterinnen und Mitarbeiter auf. Eine Verknüpfung von Lehre und Praxis ist während dieses Projektes gelungen. Auf der Grundlage der erarbeiteten Ergebnisse der Studierenden wurden die unterschiedlichen Sichtweisen von Führungskräften und Mitarbeiterinnen und Mitarbeitern in Bezug auf Führungskompetenz deutlich.

Ergebnisse der Studierenden
Woran machen wir Studierenden gute Führung in der Sozialen Arbeit fest?
Im Bereich der Unternehmenskultur ist für Studierende die grundsätzliche Wertschätzung und der Respekt gegenüber den Mitarbeiterinnen und Mitarbeitern sowie die Anerkennung der Leistungen ein Kriterium guter Führung.
Der Möglichkeit der Mitsprache, z.B. bei der Einführung neuer Methoden oder der Gestaltung der Räumlichkeiten wird ebenso Bedeutung beigemessen, wie der Gelegenheit, selbstständig arbeiten und Entscheidungen frei treffen zu können. Außerdem formulierten die Studierenden, dass Führungskräfte auch unkonventionelles Arbeiten ermöglichen sollten.
   Eine gute Führungskraft sollte für das Personal erreichbar und ansprechbar sein, sich Zeit nehmen, die Interessen des Personals ernst nehmen und unterstützen. Wichtig ist den Studierenden, dass kein Mobbing stattfindet und die Führungskraft alle Untergebenen gleich behandelt (d.h. ohne besondere Sympathie oder Antipathie), fördert, anleitet und unterstützt. Zudem sollte sie das Wohlbefinden des Personals im Blick haben. Weitere Merkmale guter Führung in der Sozialen Arbeit sind für die Studierenden die Fähigkeiten der Leitungskraft, Mitarbeiterinnen und Mitarbeiter zu motivieren, ihnen zu vertrauen und nur wenig zu kontrollieren sowie Lob und Kritik angemessen zu verteilen. Hierarchiestrukturen sollten wenig spürbar sein, d.h. die Führungskraft sollte eine Autoritätsperson ohne Machtgehabe sein. Dabei sollte sie die Balance zwischen Führung und Teamfähigkeit wahren und sich offen gegenüber den Fachkräften verhalten.

Ausdruck von Leitungsvermögen ist für Studierende, wenn sich die Führungskraft die Ratschläge und Hilfe der Mitarbeiterinnen und Mitarbeiter anhört und die Realisierbarkeit der Ideen und Vorschläge überprüft.

Als weitere Führungskompetenz wurde das Treffen von Entscheidungen und die Zuverlässigkeit bei der Einhaltung von Absprachen, Versprechen und Entscheidungen genannt. Zudem sollen Leitungskräfte Vorbild sein, nach ethischen Grundlagen bzw. einem Leitbild handeln und sich mit der Organisation, die sie führen, identifizieren („sie inne haben").

Als weiterer Indikator für gute Führung wurde Familienfreundlichkeit und das Anbieten von Gemeinschaftsaktionen genannt. Ein Gesichtspunkt, der laut Ansicht der Studierenden ebenfalls Bedeutung hat, ist das eigene Wohlbefinden der Führungskraft: die eigene Grenzen im Blick haben und Supervision in Anspruch nehmen sollte. Die Fähigkeit zur Selbstreflexion ist ebenfalls als Merkmal für kompetente Führung benannt.

Im Bereich des Innovationsmanagements erwarten Studierende von einer kompetenten Führungskraft, dass sie sich den neuen Aufgaben und Herausforderungen positiv stellt, keine Scheu vor Veränderungen hat, eigene innovative Ideen einbringt und Visionen entwickelt. Sie sollte offen für die Vorschläge der Mitarbeiterinnen und Mitarbeiter sein und das Personal einbeziehen und beteiligen. Weitere Merkmale guter Führung sind die Unterstützung und Finanzierung von Fort- und Weiterbildungsmaßnahmen sowie die Möglichkeit von Reflexions- und Supervisionsgesprächen.

Im Bereich der Kommunikation und des Konfliktmanagements ist Studierenden wichtig, dass die Leitungskraft Erwartungen klar formuliert, damit Missverständnisse vermieden werden. Ebenfalls Bedeutung wird dem regelmäßigen Austausch, der Selbst- und Teamreflexion beigemessen. Die Führungskraft sollte andere Sichtweisen zulassen, akzeptieren und anerkennen sowie konflikt- und kritikfähig sein. Führungskompetenz vermittelt eine Leitungskraft aus Sicht der Studierenden, wenn sie den Blick für den Adressaten hat und nicht nur die Rahmenbedingungen sondern die gesamte Organisation beachtet. Aufgeführt wurde außerdem, dass die Führungskraft sensibel gegenüber der Situation der Einrichtung und der Situation einzelner Mitarbeiterinnen und Mitarbeiter sein soll.

Kennzeichnend für kompetente Führung im Bereich des Personalmanagements ist für die Studierenden die systematische Einarbeitung von neuen Kolleginnen und Kollegen, die praxisnahe Einstellung sowie die Transparenz der Führungskraft in Bezug auf Unternehmensentwicklungen und personelle Entscheidungen. Die Leitungskraft sollte die Teampflege fördern, sich an den Ressourcen des Personals orientieren und für eine gesundes Arbeitsklima sorgen, z.B. in dem sie Überforderung einzelner wahrnimmt und diese vor Burnout schützt.

Erwartet wird von einer guten Führungskraft, dass sie motiviert ist, Fachkompetenz aufweist und ihr Handeln nach einem Konzept mit Führungsgrundsätzen ausrichtet. Sie sollte klare Strukturen haben, das Personal leiten und in Planungsprozesse einbinden. Außerdem sollte sie die Qualität der Einrichtung durch geeignete Maßnahmen sichern und den gesellschaftlichen und demographischen Wandel beachten.

Als Repräsentantin/Repräsentant ist es wichtig für die Führungskraft, sich mit den Leitzielen der Einrichtung zu identifizieren. Effektives Zeitmanagement und flexible Arbeitszeiten für das Personal werden ebenfalls als Indikatoren guter Führung bewertet. Außerdem ist die Aufgeschlossenheit und die Förderung der Ausbildung einschließlich des Austausches zwischen Praxis und Theorie für Studierende ein Indiz von Führungskompetenz.

Im Bereich der Persönlichkeit sollte eine fähige Führungskraft sich mit ihrer eigenen Führungsrolle identifizieren und sicher, konsequent und authentisch auftreten. Sie sollte sich durchsetzen können und eine starke Führungspersönlichkeit sein. Weitere Kriterien in Bezug auf personale Führungskompetenzen sind Ehrlichkeit, Glaubwürdigkeit/Kongruenz, Beobachtungsfähigkeit, Empathie, Vertrauen und Humor. Die Leitungskraft sollte Charisma haben und kein Workaholik sein. Außerdem wird von einer kompetenten Führungskraft erwartet, dass sie nicht ihre persönlichen Probleme an Mitarbeiter abgibt und einen angemessenen Umgang in Bezug auf Nähe und Distanz wahrt.

Befragung der Praktikerinnen/Praktiker der Sozialen Arbeit

Die nachfolgenden Ergebnisse zur Wichtigkeit der einzelnen Führungskriterien wurden durch die Methode der Bepunktung ermittelt. Von den Führungskräften wurden 198 Wertungen abgegeben, während die beiden KiTa-Teams insgesamt 201 Wertungen vorgenommen haben.

Relevanz der Kriterien für Führungskräfte

Die Führungskräfte messen dem Punkt Transparenz (Unternehmensentwicklungen und personelle Entscheidungen frühzeitig offen legen) mit 18 Nennungen die höchste Bedeutung für eine gute Führung bei. Bei den befragten Mitarbeiterinnen und Mitarbeitern erreicht dieses Merkmal mit 3 Nennungen den 21. Platz. Der regelmäßige Austausch mit Mitarbeitern (offen für Neues sein, Anregungen annehmen, Selbst- und Team-Reflexion) wurde von den Führungskräften mit 12 Nennungen an die zweite Stelle gewählt, während dieser Punkt bei dem KiTa-Personal mit 3 Nennungen den 21. Rang erreicht. Die Kritikfähigkeit der Führungskraft und die Entwicklung von Visionen und Ideen ist für das befragte Personal mit 1 Wertung von geringer Relevanz, während die Führungskräfte diesen Kriterien mit 8 Nennungen auf Platz 3 hohe

Bedeutung beimessen. Mit 7 Nennungen ist die Konfliktfähigkeit, die Fachkompetenz und die Selbstreflexion für die Führungskräfte ein Qualitätsmerkmal für eine gute Führung. Für die pädagogischen Fachkräfte hingegen steht die Konfliktfähigkeit der/des Vorgesetzten mit 3 Nennungen an 21. Stelle, die Fachkompetenz mit 2 Nennungen an 31. Position während die Selbstreflexion der Führungskraft keine Wertung erhielt und somit für die Befragten auch keine Bedeutung hat. Das sichere, konsequente und authentische Auftreten der Führungskraft wird mit 6 Nennungen der Führungskräfte und 7 Nennungen des KiTa-Personals von beiden Gruppen ähnlich wichtig genommen. Der Faktor, andere Sichtweisen zulassen, akzeptieren, anerkennen, wird von den Führungskräften mit 6 Nennungen höher eingeschätzt, als von den Mitarbeiterinnen und Mitarbeitern mit 3 Nennungen.

Gravierende Unterschiede treten in der Bewertung der Führungskräfte bei dem Kriterium grundsätzliche Wertschätzung und Respekt gegenüber den Mitarbeiterinnen/Mitarbeitern auf. Während die Führungskräfte die Relevanz dieses Punktes mit 6 Nennungen bewerten, hat die grundsätzliche Wertschätzung und Respekt gegenüber den Mitarbeitern für das Personal mit 16 Nennungen oberste Priorität.

Die Anerkennung und Wertschätzung der Leistungen der Mitarbeiter hat hingegen für das Personal weniger Bedeutung. Mit 3 Nennungen liegt dieser Faktor hinter der Bewertung der Führungskräfte mit 6 Nennungen. Das Ermöglichen von Supervision und Reflexionsgespräche erhielt ebenfalls 6 Nennungen vom Führungspersonal. Für die pädagogischen Fachkräfte ist dies mit 1 Nennung von geringer Bedeutung.

Ähnlich ist die Einschätzung beider Gruppen in Bezug auf Einbeziehung und Partizipation von Mitarbeitern. Von den Führungskräften bekam dieser Punkt 5 Nennungen, während das KiTa-Personal ihn mit 6 Nennungen bewertete. Dem Personal die Möglichkeit des selbständigen und evtl. unkonventionellen Arbeitens zu bieten, wird mit 5 Nennungen von den Leitungskräften bewertet, während dies für die befragten Kolleginnen und Kollegen keine Bedeutung hat und ohne Nennung blieb.

Relevanz der Kriterien für Mitarbeiterinnen/Mitarbeiter
Wichtigstes Kriterium für eine gute Führung in der Einrichtung ist für die pädagogischen Fachkräfte mit 16 Nennungen die grundsätzliche Wertschätzung und Respekt gegenüber den Mitarbeitern. Bei den Führungskräften erhielt dieser Punkt, wie oben erwähnt 6 Nennungen. Mit 15 Nennungen hat die Teampflege (anregen und fördern, Teambesprechung, gesundes Arbeitsklima für das Personal) hohe Priorität, während die Leitungskräfte diesem Faktor mit 3 Nennungen wenig Bedeutung beimessen. Die Empathie der Führungskraft steht für die Mit-

arbeiterinnen und Mitarbeiter mit 9 Nennungen an 3. Stelle der Führungskompetenzen, von den Leitungskräften erhielt dieser Punkt 3 Nennungen und somit den 21. Rang. Ein Qualitätsmerkmal ist mit 8 Nennungen für das KiTa-Personal, dass sich die Führungskraft neuen Aufgaben und Herausforderungen stellt, diese nicht sofort negativ sondern positiv bewertet. Mit 4 Nennungen hat dieses Kriterium in der Bewertung der Leitungskräfte weniger Relevanz. Ähnlich klaffen die Einschätzungen bei dem Punkt Ehrlichkeit auseinander. Während diesem Punkt vom Personal mit 8 Nennungen große Bedeutung zugesprochen wurde, schätzten ihn die Führungskräfte mit 3 Nennungen weniger wichtig ein. Dem Faktor keine Scheu vor Veränderungen wird mit 7 Nennungen des KiTa-Personals und 5 Nennungen auf Seiten der Führungskräfte von beiden Gruppen ähnliche Priorität zugesprochen.

Die Balance zwischen Führungskraft (Leader) und Teamfähigkeit und die klare Formulierung von Erwartungen hat mit 7 Nennungen große Wichtigkeit für das pädagogische Fachpersonal. Von den Führungskräften wurden diese Faktoren mit 3 bzw. 4 Nennungen geringer bewertet.

In der Einschätzung, dass eine Führungskraft sicher, konsequent und authentisch auftreten sollte, sind sich beide Gruppen ähnlich. Das Personal bewertet diesen Punkt mit 7 Nennungen und die Leitungskräfte mit 6 Nennungen. Für Mitarbeiterinnen und Mitarbeiter ist mit 6 Nennungen wichtig, dass die Führungskraft zuverlässig ist, Absprachen/Versprechen einhält und zu Entscheidungen steht. Mit 3 Nennungen des Führungspersonals wird diesem Kriterium halb so viel Relevanz beigemessen. Im Bereich der Einbeziehung und Partizipation von Mitarbeitern ähneln sich die Einschätzungen wieder. Das KiTa-Personal gibt diesem Punkt 6 Nennungen, die Leitungskräfte 5 Nennungen.

Wichtig für Kolleginnen und Kollegen mit 6 Nennungen ist der Schutz vor Überforderung/Burnout: die Wahrnehmung dessen. Mit 2 Nennungen des Führungspersonals hat dieser Faktor in dieser Gruppe geringe Bedeutung. Während die Beschäftigten den Kriterien Durchsetzungsvermögen, -fähigkeit (6 Nennungen), Ansprechbarkeit: kein abgehobenes Verhalten, Möglichkeit des ungezwungenen Austausches ohne Termin (5 Nennungen) und wenig spürbare Hierarchiestrukturen: Autoritätsperson ohne Machtgehabe (5 Nennungen) deutliche Relevanz zusprachen, wurden sie von den Leitungskräften nicht genannt.

Fazit der Bewertung

An der Befragung wird deutlich, dass sich die Einschätzungen von Führungskräften und Mitarbeiterinnen bzw. Mitarbeitern insbesondere bei den meistgenannten Faktoren deutlich voneinander unterscheiden.

Für die pädagogischen Fachkräfte werden Führungsqualitäten vor allem im persönlichen Umgang und als Kompetenzen der Persönlichkeit einer Führungskraft sichtbar. Für diese Gruppe sind Wertschätzung, Teampflege, eine positive Sicht auf Herausforderungen, Empathie und Ehrlichkeit die wichtigsten Fähigkeiten einer Führungskraft. Die Führungskräfte hingegen setzen andere Schwerpunkte. Führungskompetenz drückt sich für sie vor allem durch die Faktoren Transparenz, regelmäßigen Austausch, Kritikfähigkeit und Entwicklung von Visionen aus. Die Unterschiede der Ergebnisse sind nachvollziehbar. Führungskräfte sind sich ihres komplexen Aufgabenfeldes bewusst und haben andere Prioritäten als ihre Beschäftigten.

Aufgrund der erhobenen Resultate ist jedoch fraglich, ob sich die Führungskräfte tatsächlich der enormen Relevanz von grundsätzlicher Wertschätzung und der Teampflege in ihrem Unternehmen bewusst sind.

3.8 Personalentwicklung

3.8.1 Begriff und Verständnis der Personalentwicklung

Personalentwicklung wurde oft als betriebliche Weiter- und Fortbildung verstanden, wobei die Begriffe der beruflichen Weiterbildung und Fortbildung zunehmend als synonyme Begriffe verwandt wurden (vgl. Knorr, Offer 1999: 24). Hierbei besteht die Gefahr, dass Weiterbildung verengt mit dem Besuch von Seminaren und externen Fortbildungsmaßnahmen gleichgesetzt werden und Personalentwicklungsmaßnahmen ‚on the job' vernachlässigt werden.

Nach heutigem Verständnis umfasst die Personalentwicklung alle Maßnahmen,

- die die Handlungs- und Problemlösekompetenzen und
- die Lernfähigkeit der Mitarbeitenden erhalten und weiterentwickeln
- mit dem Ziel einen nachhaltigen Organisationserfolg unter weitgehender Berücksichtigung der Mitarbeitendeninteressen zu sichern (vgl. Münch 1995: 15f.).

Personalentwicklung und Organisationsentwicklung liegen in diesem Verständnis nah beieinander: „Eine bedürfnisorientierte Personal- und Organisationsentwicklung versucht, durch fortlaufende interne und externe Aus- und Weiterbildungsmaßnahmen die Lernfähigkeit und -bereitschaft der Organisationsmitglieder zu fördern, um eine bestmögliche Ziel- und Leistungsorientierung gewährleisten zu können" (Hentze et al. 2005: 255).

Danach umfasst die Personalentwicklung alle Veränderungen persönlicher Merkmale, die für die Ausübung beruflicher Tätigkeiten relevant sind (Kenntnisse, Erfahrungen, Fähigkeiten), alle Maßnahmen, die auf diese Veränderungen einwirken sollen, insbesondere die Förderung durch Weiterbildung und gezielte Erfahrungsvermittlung sowie Maßnahmen, mit denen auf diese Veränderungen reagiert wird (Zuweisung neuer Aufgaben, Erweiterung bzw. Veränderung des Zuständigkeitsbereichs der Mitarbeitenden u.ä.).

Die Balance und den Abstimmungsprozess zwischen den Interessen von Mitarbeiterinnen und Mitarbeitern einerseits und den Zielen der Organisation andererseits wird auch in folgender Definition herausgestellt:

„Personalentwicklung umfasst alle Maßnahmen, die sich auf die Qualifikation und die individuelle berufliche Entwicklung aller Mitarbeiterinnen und Mitarbeiter richten, und die in den angestrebten Wirkungen gegenwärtige und zukünftige betriebliche Anforderungen ebenso berücksichtigen wie persönliche Interessen" (Lerche et al. 2001: 15).

Auch Merchel betont:

> „Gerade wenn Organisationen Veränderungen anstreben, wird Personalentwicklung
> zu einem der wichtigsten Bestandteile dieser Veränderungsprozesse, weil diese Pro-
> zesse auf entsprechende Motivationen, Einstellungen und Handlungsweisen der Mit-
> arbeiter angewiesen sind. [...]. Organisationsgestaltung und Personalentwicklung
> sind also konstitutiv miteinander verwoben" (Merchel 2004: 81).

Mit diesen Definitionen wird deutlich, dass die Personalentwicklung ein Konzept
in Anbindung an eine Strategie, mit dem die einzelnen Maßnahmen der Personalentwicklung verbunden sind, erfordert. Dieses Konzept, wie auch die einzelnen Maßnahmen der Personalentwicklung sind zielorientiert zu planen, zu realisieren und zu evaluieren. Eine lose Zusammenstellung von Einzelmaßnahmen
der Personalentwicklung, die eher zufällig Problemwahrnehmungen, Konflikten
und Interessensanmeldungen entspringt, ist weit entfernt von diesem Verständnis
der strategischen Personalentwicklung.

Letztere setzt systematisch geplante, auf klar definierte Ziele ausgerichtete
und konzeptionell miteinander verbundene Instrumente voraus.

Die Personalentwicklung soll eng in Abstimmung mit den Strategien und
die Entwicklungslinien einer Organisation gestaltet werden. Die Basis bildet
folglich die Organisations- und Personalstrategie, die ihrerseits in enger Interaktion miteinander stehen.

3.8.2 Maßnahmen der Personalentwicklung

Personalentwicklungsmaßnahmen lassen sich nach unterschiedlichen Kriterien
unterscheiden: nach Träger, nach Bezug zur aktuellen Arbeitstätigkeit, nach Or-
ganisationsgrad, nach Zielgruppenorientierung sowie nach zeitlicher Ausrichtung.

Die hier gewählte Differenzierung setzt an den Phasen einer beruflichen Tätigkeit in einer Organisation an. Sie berücksichtigt die Einarbeitungsphase (into
the job), Veränderungen am Arbeitsplatz und der aktuellen Tätigkeit (on the job),
die Vorbereitung für die Übernahme neuer Aufgaben und Verantwortungen (near
the job und off the job) sowie auch Maßnahmen, die eventuell zum Ende einer
Beschäftigung eingesetzt werden können. Maßnahmen ‚along the job' kennzeichnen Maßnahmen, die während einer längeren Beschäftigungsphase für
Nachwuchsführungskräfte und Führungskräfte als Laufbahn- und Karrierepla-
nung realisiert werden können. Maßnahmen ‚out of the job' gehören zum Personalmanagement, weil zum einen die Weitergabe von Erfahrungswissen im Konzept der lernenden Organisation starken Aufwind erhält wie auch die soziale

Verantwortung des Outplacements die Entwicklung von Kompetenzen für einen Übergang in Beschäftigung außerhalb der Organisation thematisiert.

Maßnahmen der Personalentwicklung 'into the job'

Als Personalentwicklungsmaßnahmen ‚into the job' werden jene Maßnahmen verstanden, die entweder neu eingetretene Mitarbeitende in einer Organisation unterstützen sollen wie auch Mitarbeitende, die einen neuen Arbeitsplatz bzw. neuen Arbeitsbereich innerhalb der Organisation übernehmen.

- **Ausbildung**: Als Ausbildung bezeichnet man die Vermittlung von Fähigkeiten und Kenntnissen an Auszubildende durch eine ausbildende Stelle (Ausbildungsbetriebe, Berufsschulen nach den Vorgaben des Berufsbildungsgesetzes BBiG). Im Zentrum der Ausbildungsziele steht insbesondere die Vermittlung von anwendbaren Fertigkeiten, die der Berufsausbildung dienen. Im Bereich der Gesundheits- und Sozialorganisationen sind die Fachschulausbildungen von besonderer Bedeutung: Hier ist gegenwärtig der Trend zur Akademisierung zu erkennen, die die Fachschulausbildungen durch ein Hochschulstudium ergänzen oder ersetzen.

- **Praktika**: Ein Praktikum kann grundsätzlich zwei Ausrichtungen verfolgen: In einem festgelegten Zeitraum kann zum einen das Erlernen neuer Kenntnisse und Fähigkeiten durch praktische Mitarbeit in einer Organisation als Ziel verfolgt werden. Zum anderen kann aber auch eine Vertiefung zuvor erworbener theoretischer Kenntnisse durch die praktische Mitarbeit in Organisationen angestrebt werden.

- **Einarbeitungsprogramme – Mentoren und Patenschaften**: Dem Thema Einarbeitung wird in der Praxis zu wenig Beachtung geschenkt. Die Bedeutung der Einführungsphase für die Motivation und deren Identifikation in der Organisation wird eher unterschätzt (vgl. Stübinger et al. 2003: 69). Um in der Einarbeitungszeit auch informelles Wissen zu aktivieren, können Mitarbeitende als Paten bzw. Mentoren dem neuen Mitarbeiter zugeordnet werden. Wichtig in der Einarbeitungsphase ist die Wechselbeziehung: Der Einarbeitungsprozess darf nicht als einseitiger Anpassungsprozess verstanden werden, sondern auch die Organisation erhält durch das Feedback der neuen Mitarbeitenden die Möglichkeit zu einer produktiven Auseinandersetzung mit Strukturen und Prozessen.

- **Unterweisung und Anleitung**: Anleitungssituationen am Arbeitsplatz verfolgen das Ziel, dass Mitarbeitende aus dem angeleiteten Arbeitstätigkeiten lernen und Erfahrungen sammeln. Eine planmäßige Unterweisung kann nach der Vierstufenmethode: ‚Vorbereitung – Vorführen – Nachmachen – Üben' erfolgen. Eine programmierte Unterweisung strukturiert den gesamten Lernprozess als Regelkreis. Ein Lehrtext wird in verschiedene Abschnitte gegliedert. Die Antworten der Lernenden bestimmen individuell die Abfolge der Lernabschnitte.

- **Traineeprogramme**: Sie werden meist für den Führungsnachwuchs entwickelt und beziehen sich oft auf die Zielgruppe der Hochschulabsolventinnen und Hochschulabsolventen. Traineeprogramme sind ausgearbeitete Programme, deren Schwerpunkt in der Aneignung von umfassenden organisationsspezifischen Kompetenzen liegt. Über einen festgelegten Zeitraum (ca. 9 – 18 Monate) werden die Trainees nach einem im Vorfeld auf Basis des Qualifikationsstands systematisch aufgestellten Traineeplanes in verschiedenen Bereichen der Organisation in verschiedenen Arbeitsbereichen und auf unterschiedlichen Arbeitsplätzen mit einer Anleitung eingesetzt. Neben fest definierten Lernzielen und begleitenden Bildungsangeboten ist es für Traineeprogramme charakteristisch, dass die Lernergebnisse in Traineeberichten festgehalten, stetig überprüft und abgestimmt werden. Die jeweiligen Einsätze in den verschiedenen Arbeitsbereichen schließen mit einer Beurteilung der Trainees ab und erlauben in ihrer Gesamtheit eine umfassende Leistungs- und Potenzialentwicklungsbeurteilung.

Maßnahmen der Personalentwicklung 'on the job'

Alle Personalentwicklungsmaßnahmen, deren Schwerpunkt am Arbeitsplatz bzw. in der aktiven Auseinandersetzung mit der aktuellen Arbeitsaufgabe liegen werden als ‚Personalentwicklungsmaßnahmen on the job' bezeichnet. Für das Lernen am Arbeitsplatz stehen verschiedene Instrumente zur Verfügung.

- **Mitarbeitergespräche**: Unter Mitarbeitergesprächen werden Gespräche verstanden, die systematisch geplant und inhaltlich vorbereitet zwischen Führungskraft und Mitarbeitenden in regelmäßigen Abständen durchgeführt werden. Es gibt unterschiedliche Inhalte und Ziele für Mitarbeitergespräche.
- **Stellvertretung**: Die Übernahme einer Stellvertretung kann eine gezielte Personalentwicklungsmaßnahme darstellen. Sie wird meist als Stellvertretung einer Führungsposition ausgestaltet. Die Übernahme von Verantwortung als Stellvertreterin bzw. Stellvertreter erlaubt oft erste Erfahrungen mit Führungsverantwortung. Oft werden qualifizierte Teilaufgaben vergeben. Eine intensive Kommunikation und Interaktion zwischen Führungskraft und der Stellvertretung verstärkt die Förderung und Entwicklungszielsetzung.
- **Job enlargement**: Job enlargement bedeutet eine quantitative Aufgabenerweiterung für Mitarbeitende. Das Tätigkeitsspektrum wird vergrößert und lässt es aus Sicht der Mitarbeitenden interessanter und vielfältiger werden. Gerade wenn die Arbeitsteilung in einer Organisation hoch und /oder der Arbeitsrahmen eher monoton ausgeprägt ist, kann die Erweiterung des Ar-

beitsbereiches auch einen Kompetenzzuwachs und Motivationsanreiz für die Mitarbeitenden bewirken.

- **Job enrichment**: Mit job enrichment wird eine qualitative Arbeitsanreicherung bezeichnet. Durch das Zusammenlegen von Teilaufgaben wird das Aufgabenspektrum so erweitert, dass Mitarbeitende ihre Entscheidungs- und Verantwortungsspielräume ausbauen können. Damit kann die Leistungsbereitschaft von Mitarbeitenden gestärkt werden, weil sie mit der Übernahme von anspruchsvollen Aufgaben ihren Selbstständigkeitsgrad erhöhen.

- **Job-Rotation**: Durch den systematischen Arbeitsplatz bzw. Aufgabenwechsel erwerben die Mitarbeitenden Mehrfachqualifikationen, die einen späteren Personaleinsatz effektiver gestalten lassen. Job Rotation vermittelt fachliche, erhöht soziale und persönliche Kompetenzen und baut darüber hinaus Kenntnisse von bereichsübergreifenden Zusammenhänge aus. Job-Rotation-Programme werden zeitlich befristet, systematisch aufgebaut und werden oft durch Anleitungen unterstützt. Neben der Erweiterung des persönlichen Erfahrungshintergrundes dient Job-Rotation auch der Mobilitätsförderung. Bisheriges Fachwissen kann aus den veränderten Perspektiven der verschiedenen Arbeitsplätze bzw. Aufgabenstellungen hinterfragt und angereichert werden.

- **eLearning**: Die neuen Medien eröffnen für das Selbstlernen neue Perspektiven auch im Bereich der Personalentwicklung. Kernidee ist es, selbstmotivierte und selbstgesteuerte Lernprozesse zu initiieren, z.B. über Computer Based Training-Programme (CBT), die auch als Learning-Management-Systeme (LMS) gestaltet werden können. Bei letzteren werden die Bildungsprozesse einer Organisation abgebildet, Lernende melden sich an und rufen Lernprogramme auf. Informationen der bearbeiteten Lernprogramme werden aufgezeichnet und dienen später dem Controlling und belegen die Qualifikationserweiterungen. Blended Learning verbindet Seminare und Workshops mit den Möglichkeiten des Selbstlernens über Medien. Im Idealfall werden formale und informelle Lernangebote kombiniert, so dass eLearning als stetiger Prozess im Arbeitsalltag seinen Platz findet.

- **Job-Sharing**: Hierbei teilen sich zwei oder mehrere Mitarbeitende einen Arbeitsplatz, wobei sie ihre Arbeitsleistungen eigenverantwortlich koordinieren. So können die Mitarbeitenden die Arbeitszeitaufteilung individuell festlegen. Um eine Arbeitsplatzteilung zu realisieren, müssen die Teilnehmenden über ein gutes Planungs- und Organisationsvermögen verfügen. Daneben ist es wichtig, dass die Mitarbeitenden gut miteinander kooperieren. Insofern ist das Job-Sharing nicht nur als Arbeitszeitmodell, sondern auch als Maßnahme der Personalentwicklung zu sehen. Darüber hinaus eröffnet es die Möglichkeit, Familie und Beruf miteinander zu vereinbaren. In der

Praxis wird es meist für einen festgelegten Zeitraum eingesetzt. Aus Sicht der Organisationen bedeutet Job-Sharing einen Zugewinn an Kompetenzen, der sich durch die Koordination und Abstimmung der Mitarbeitenden ergeben kann. Dieser Punkt ist allerdings auch kritisch zu betrachten: der erhöhte Kommunikations- und Informationsaufwand kann sich auch nachteilig auswirken.

- **Gruppen- und Teamarbeit, teilautonome Arbeitsgruppen**: Ausgewählte Tätigkeiten und Aufgaben werden in ihrer Gesamtheit von einer Gruppe unter Nutzung von Spielräumen inhaltlicher, organisatorischer und zeitlicher Dimensionen übernommen. Der Kommunikationsprozess innerhalb der Gruppe wirkt u.a. innovationsfördernd. Die Begriffe zur Gruppen- und Teamarbeit sind in der Praxis fließend: Für Teams wird z.B. der Begriff der Emergenz gebraucht: Das Arbeitsergebnis eines Teams ist höher als die Summe der Arbeitsleistungen der einzelner Mitarbeitenden. Beim Begriff der teilautonomen Gruppen wird herausgestellt, dass die Gruppe über einen festgelegten Entscheidungsspielraum verfügt und innerhalb dieses Rahmens eigenverantwortlich entscheiden kann.

Maßnahmen der Personalentwicklung 'near the job'
Qualifizierungsmaßnahmen, die als „Training near the job" bezeichnet werden, stehen weniger mit der unmittelbaren Arbeitstätigkeit in Zusammenhang, als vielmehr mit der allgemeinen Produktivitäts-, Leistungs- oder Effizienzsteigerung sowie der Organisationsentwicklung.

- **Lernstatt und Entwicklungsarbeitsplätze**: Lernstatt setzt sich aus den Worten 'Lernen' und 'Werkstatt' zusammen. Eine Lernstatt ist eine Lerngruppe, deren Mitglieder aus dem gleichen Arbeitsbereich stammen. Ziel ist die Besprechung und Lösung von Problemen des Arbeitsbereichs bzw. des nahen Arbeitsumfeldes. Entwicklungsarbeitsplätze bezeichnen Arbeitsplätze, die insbesondere Führungsnachwuchskräfte auf ihr späteres Einsatzgebiet vorbereiten. Entwicklungsarbeitsplätze werden für einen bestimmten Zeitraum ausgerichtet. Vorrangiges Ziel ist die individuelle Förderung der Mitarbeitenden.
- **Coaching**: Coaching ist im Kern ein zielorientierter Beratungsprozess, der sowohl auf individueller Ebene als auch mit Gruppen durchgeführt werden kann. Ziel ist die persönliche Entwicklungsförderung, die Verbesserung der Leistungsfähigkeit und die Verbesserung von Funktionen im System oder von Strukturen. Typische Anlässe sind Umstrukturierungen, Konflikte wie z.B. aber auch die Nachbereitung von Führungstrainings. Ebenso wie bei der Supervision steht die Hilfe zur Selbsthilfe und Selbstverantwortung im Vordergrund: Coaching verfolgt das Ziel, die Entwicklung von vorhandenen Po-

tenzialen und Ressourcen von Mitgliedern oder einzelnen Personen zu unterstützen. Schwerpunktziele eines Coachings in Organisationen sind z.B. die Verbesserung der Führungskompetenz, die Selbstreflexionen der persönlichen Wirkung im sozialen Umfeld oder die Vorbereitung auf neue Aufgaben (vgl. Hentze et al. 2005: 261; Spichal-Mößner 2007: 231). Anders als die Supervision wurde das Coaching im Bereich der sozialen, pädagogischen und therapeutischen Berufe als Professionalisierungsinstrument erst in den letzten Jahren als Methode entdeckt (vgl. Lerche u.a. 2001: 105).

- **Supervision**: Supervision (Aufsicht, Beaufsichtigung, Überwachung) ist eine Methode zur Reflexion des beruflichen Alltags, die in der Sozialen Arbeit eine breite Akzeptanz und Anwendung findet. Unter fachlicher Anleitung einer Supervisorin bzw. eines Supervisors, wird gemeinsam nach Lösungen für Konflikt- und Belastungssituationen am Arbeitsplatz gesucht. Mit der Supervision wird eine Steigerung der Effizienz der Arbeit der Supervisanden angestrebt. Problematische Konflikt- und Belastungssituationen aus dem beruflichen Alltag werden systematisch reflektiert und konstruktiv bearbeitet, um Möglichkeiten und Chancen zu erarbeiten, wie mit diesen Problemen angemessener umgegangen werden kann (vgl. Lerche et al. 2001: 104). In der Regel übernehmen externe Supervisorinnen und Supervisoren den Reflexionsprozess. Je nach Supervisionsanlass können Einzel-, Gruppen-, sowie Teamsupervision durchgeführt werden. Wichtig ist es, vor dem Supervisionsprozess alle relevanten Rahmenbedingungen mit allen Beteiligten einvernehmlich abzustimmen: Zielsetzung, thematische Ausrichtung, organisatorisches Setting (Sitzungsanzahl, Prozessdauer, Ort, Zeitressourcen), Formen und Methoden, Vertraulichkeit, Ergebniskontrolle und Kosten.

- **Kollegiale Beratung**: Die Kollegiale Fallberatung ist eine Beratung unter Mitarbeitenden auf gleicher hierarchischer Ebene. Ziel ist die gemeinsame Suche nach Lösungen für ein konkretes Problem. Die Kollegiale Beratung als Personalentwicklungsmaßnahme erfolgt nach einem fest strukturierten Verfahren. Nur so ist zu gewährleisten, dass die Fallbesprechung ergebnisorientiert verläuft.

Supervision, Coaching und die Kollegiale Beratung stellen Reflexionshilfen für die Bearbeitung beruflicher Problemsituationen dar und dienen der Problemlösung und Klärung. Neben dieser Gemeinsamkeit lassen sich die Unterschiede festhalten: Während das Coaching zumeist eine personenbezogene Klärungshilfe und Beratung für Führungskräfte oder Mitarbeiter/innen darstellt und auch Kontexte aus dem privaten Kontext einbezieht, findet die Supervision oft und die Kollegiale Beratung immer in der Gruppe statt und konzentriert sich eher auf klienten- oder arbeitsplatzbezogene Probleme. Supervision und Coaching können sowohl organisationsintern als auch -extern erfolgen, wobei die Vertraulichkeit in allen drei genannten Formen eine besondere Bedeutung einnimmt (vgl. Hölzle 2006: 87).

▪ **Projektarbeit und Sonderaufgaben**: Projekte in Organisationen sind Vorhaben, die von mehreren Mitarbeitenden bearbeitet werden, die ein bestimmtes Ziel verfolgen, mit bestimmten Ressourcen ausgestattet sind und für einen bestimmten festgelegten Zeitraum ausgerichtet werden. Projektlernen ist ein selbstgesteuertes Lernen, bei dem ein Vorhaben, eine zeitlich befristete Aufgabe von Mitarbeitern aus verschiedenen Arbeitsbereichen gelöst werden soll. Die Aufgabenlösung erfordert erhöhten Entscheidungsbedarf, gegenseitige Abstimmung, Entscheidungen über eine gemeinsame Vorgehensweise und die gemeinsame Reflexion aller Arbeitsvorgänge. Projekte unterstützen die Teilnehmenden insbesondere hinsichtlich der Entwicklung der selbstständigen Handlungsplanung und der Ergebniskontrolle. Die Teilnehmenden eines Projekts entstammen in der Praxis meist nicht aus einem einzigen Arbeitsbereich. Aufgabenstellungen, die das Wissen mehrerer Arbeitsbereiche erfordern, eignen sich für möglichst heterogen zusammengesetzte Projektgruppen. Auch die Einbindung von Ehrenamtlichen ist u.U. sinnvoll. Bei Sonderaufgaben erhalten die Mitarbeitenden die Gelegenheit, durch über ihre gegenwärtigen Aufgaben hinausgehenden Themenstellungen in der Organisation Verantwortung zu übernehmen und sich damit zu qualifizieren.

▪ **Ideenmanagement und Qualitätszirkel**: Der Begriff des Ideenmanagement hat den früheren Begriff des ‚betrieblichen Vorschlagswesens' weitgehend abgelöst. Es verfolgt das Ziel, das Ideenpotenzial der Mitarbeitenden zum Nutzen der Organisation zu nutzen. Vorschläge zur Verbesserung werden eingereicht und je nach Umsetzung und Vorteilswirkung für die Organisation in unterschiedlichsten Formen vergütet bzw. prämiert (vgl. Fiedler-Winter 2001: 13ff.). In der Personalentwicklung von Gesundheits- und Sozialeinrichtung findet sich die Zielsetzung des Ideenmanagements oft in der Form der Qualitätszirkel. Qualitätszirkel sind Kleingruppen von Mitarbeitenden, die sich in regelmäßigen Abständen zusammensetzen, um gezielt Lösungsansätze für bestehende Probleme oder Handlungsansätze für Verbesserungen von Leistungsprozessen zu erarbeiten. Oft unterstützt ein Moderator oder eine Moderatorin diese Aufgabe. Besondere Merkmale der Qualitätszirkel sind, dass die Kleingruppen auf Dauer angelegt sind, regelmäßige Sitzungen stattfinden, Problemlösungsvorschlägen erarbeitet werden sowie eine umfassende Information.

Maßnahmen der Personalentwicklung 'along the job'

Personalentwicklungsmaßnahmen ‚along the job' konzentrieren sich nicht auf kurzfristige Entwicklungsförderungen, sondern haben eine längerfristige Entwicklung und Entwicklungsperspektive im Blick.

- **Laufbahnplanung**: Sowohl die Laufbahngestaltung als auch die Personal-Nachfolgeplanung stellen zum einen Instrumente der Personalentwicklung dar, die individuell bei einzelnen Mitarbeiterinnen und Mitarbeitern situativ eingesetzt werden können. Zum anderen können beide aber auch ein Teil-Konzept darstellen, das für Gruppen oder Gesamtheiten des Personals grundsätzlich Anwendung findet. Sie dienen der mittel- und langfristigen Sicherung des Personalbestands wie auch gleichermaßen der individuellen Förderung und Entwicklung. Laufbahnpläne beziehen sich meist auf einen Zeitraum von fünf Jahren. Sie stellen keine verbindliche Planung dar, sondern beanspruchen die berufliche Laufbahn in einem Korridor so zu planen, dass einzelne Maßnahmen der Personalentwicklung die eingeschlagene Zielrichtung unterstützen können. Die kann z.B. eine Fach- oder Führungslaufbahn sein.

- **Nachfolgeplanung**: Die Nachfolgeplanung bezieht sich meist auf Führungspositionen. Diese Sicht greift insbesondere mit Blick auf kleine und mittelgroße Organisationen der Sozial- und Gesundheitsorganisationen zu kurz: Die Nachfolgeplanung sollte sinnvoll auch auf Spezialisten- und Schlüsselpositionen erweitert werden, wenn besondere organisationsspezifische Kompetenzen erforderlich sind.

- **Führungskräfteentwicklung**: Einige Organisationen erstellen Personalentwicklungsprogramme, deren erfolgreiche Teilnahme überhaupt erst die Voraussetzung für die Übernahme von Führungspositionen bildet. Diese Programme zur Führungskräfteentwicklung sind fast immer eine Kombination der hier aufgeführten Maßnahmen der Personalentwicklung und werden auf längere Zeiträume ausgelegt.

- **Mentoring**: Beim Mentorenprogramm (manchmal wird auch synonym der Begriff Mentoring benutzt) übernehmen Mitarbeiterinnen und Mitarbeiter mit längerer Organisationszugehörigkeit die Unterstützung der „Nachwuchsgeneration" in ihrer beruflichen Entwicklung. Idealerweise stehen Mentoren ein bis zwei Hierarchien über dem Mentee, weil hierdurch die nötige Distanz gewährleistet wird. Wichtig ist, dass der Mentor nicht durch die direkten Führungskräfte bzw. auch die unmittelbaren Kolleginnen und Kollegen ausgeübt wird. Dieses Mentoring wird oft informell und inoffiziell umgesetzt. Vieles spricht dafür, diese Maßnahme systematisch und offiziell als Personalentwicklungsmaßnahme zu realisieren. Zum einen profitieren die Mentor-Nehmenden (Mentees), weil sie hier über direkte Peers und Führungskräfte hinaus eine neutrale Ansprechpartnerin oder einen Ansprechpartner erhalten. Zum anderen ist diese Maßnahme auch wertvoll für die Mentor-Gebenden (Mentoren): Die Weitergabe von Erfahrungswissen und die Beratungsleistung erfahren sie als Wertschätzung und erhalten weiterhin selbst Anregungen. Denkbar sind auch sogenannte Cross-Company-Mentorings, bei der Organisationen mit anderen Organisationen, die nicht in direkten Wettbewerb zu einander stehen, im Mentorenprogramm zusammenarbeiten. Mentor und Mentee aus jeweils unterschiedlichen Organisationen bilden hierbei ein Tandem.

Maßnahmen der Personalentwicklung 'off the job'
Personalentwicklungsmaßnahmen, die nicht am Arbeitsplatz stattfinden bzw. sich nicht unmittelbar auf die Arbeitstätigkeit beziehen, werden ‚off the Job' bezeichnet. Diese Form stellte früher den engen Begriff der Personalentwicklung als Teilnahme an Weiterbildungsmaßnahmen dar. Die Kritik hieran lautete oft, dass die Lernergebnisse nur unzureichend in den Arbeitsalltag transferiert wurden. Bei den Maßnahmen ‚off the job' ist es wichtig, einen nachhaltigen Transfer in den Arbeitsalltag zu unterstützen und zu sichern (u.a. auch Aufnahme und Reflexion in systematischen Mitarbeitergesprächen).

- **Vorträge, Lehrgespräche**: Vorträge und Lehrgespräche sind ‚klassische' Formen der Weiterbildung. Referenten können sowohl organisationsinterne Mitarbeitende wie auch organisationsexterne Lehrende sein.

- **Förderkreise**: Nachwuchsförderkreise werden für Mitarbeitende, deren Entwicklungsfähigkeit als hoch eingeschätzt wird, konzipiert. Diese Förderkreise nehmen nicht zwingend eine Fokussierung auf die spätere Übernahme von Führungspositionen ein. Auch für Projektleiter-Laufbahnen können Förderkreise sinnvoll sein. Der Schwerpunkt liegt meist auf der Entwicklung von Methoden- und Sozialkompetenzen. Wesentliches Ziel der Förderkreise sind die Bindung und Motivierung der Potenzialträger an die eigene Organisation.

- **Seminare und Planspiele**: Seminare sind Lehr- und Bildungsveranstaltungen, in denen die teilnehmenden Wissen und Kompetenzen erwerben und entwickeln sollen. Sie können sowohl intern (in der Organisation) als auch extern (außerhalb der Organisation) besucht werden wie auch die Lehrenden extern oder interne Organisationsmitglieder sein können. Möglich sind auch interne Seminare mit externen Referenten, wenn der Teilnehmendenkreis hinreichend groß ist. Die Seminarinhalte sind vielfältig und können auf bestimmte Fachthemen (z.B. Wissen zu neuen Rechtsgrundlagen) oder Methodenthemen (z.B. Zeitmanagement) ausgerichtet sein. Seminare können aber auch Verhaltenstrainings sein (z.B. Kommunikationstrainings) oder als

Kombinationen aus allem (z.B. ein Planspiel) angelegt sein. Seminare können einmalig, aufeinander aufbauend oder als Seminarmodule (eigenständige Seminarinhalte, die in ihrer Gesamtheit einen größeren Themenkomplex abdecken) konzeptioniert werden.

- **Workshops, Konferenzen, Tagungen, Fachforen**: Bei Workshops steht im Gegensatz zur Lehrvorträgen und Lehrveranstaltungen der Erfahrungsaustausch zwischen den Teilnehmenden im Vordergrund. Damit können Workshops über eine Wissensvermittlung und einen Erfahrungsaustausch hinaus den Teilnehmenden Anregungen für Entwicklungen der Berufspraxis geben. Konferenzen und Tagungen sind Angebote von Hochschulen oder Bildungsinstituten zu einem bestimmten Themenfeld. Fachforen werden auch als Symposien bezeichnet und beschäftigen sich mit einem spezifischen Themenausschnitt.

- **Fortbildungsmaßnahmen, Weiterbildungsmaßnahmen mit Abschluss**: Fortbildungsmaßnahmen bzw. Weiterbildungsmaßnahmen unterscheiden sich von Seminaren, wenn sie einen über die Organisationsgrenze hinweg anerkannten Abschluss anstreben. Als Beispiele sind berufsbegleitende Hochschulstudiengänge als Fern- oder Präsenzstudium wie auch Aufbaustudiengänge zu nennen.

- **Assessment-Center (AC)**: Das Haupteinsatzgebiet von Assessment-Centern innerhalb des Personalmanagement liegt in der Personalauswahl. Kennzeichen für ACs ist, dass die teilnehmenden Personen nicht nur in einer Situation wie dem Bewerbungsgespräch, sondern in mehreren Situationen (Verhaltenssimulationen, Arbeitsproben) über einen längeren Zeitraum von mehreren geschulten Beurteilern beobachtet und bewertet werden. Im Rahmen der Personalentwicklung werden AC als Potenzialanalyse für die Auswahl von Kandidaten für die Übernahme von Führungsaufgaben eingesetzt. Wesentliche Inhalte von ACs sind strukturierte Interviews, Gruppendiskussionen, Postkorbsituationen (eine Simulation einer Entscheidungssituation, die durch eine hohe Komplexität sowie Zeitknappheit kennzeichnet ist. Die Kandidatinnen und Kandidaten müssen ihre Entscheidung im Anschluss begründen), Rollenspiele (z.B. Mitarbeitergespräche), sowie Präsentationsaufgaben allein oder in Kleingruppen. Auf der Basis der Ergebnisse des AC werden weitere Personalentwicklungsmaßnahmen geplant. Einige Organisationen setzen für die Übernahme von Führungspositionen ein erfolgreich abgeschlossenes AC voraus.

- **Hospitationen, Einsätze in anderen Organisationen, Einsätze in anderen Organisationsbereichen und Auslandseinsätze**: Der temporär begrenzte Einsatz in anderen Organisationsbereichen oder in anderen Organisationen sowie auch Auslandseinsätze bieten die Chance, sich in einem anderen Umfeld und aus einer anderen Perspektive heraus mit dem eigenen Arbeitsfeld auseinanderzusetzen. In der Praxis eher selten werden im Nachgang dieser Einsätze die Erfahrungen und neue Ideen systematisch in die Organisation weitergegeben. Auslandseinsätze können z.B. im Rahmen von Traineeprogrammen, als gezieltes Cross-Cultur Management oder auch im Rahmen von Job-Rotation-Programmen eingebunden werden (vgl. Weber et al. 1998: 163 ff.).

Maßnahmen der Personalentwicklung 'out off the job'
Personalentwicklungsmaßnahmen ‚out off the job' scheinen auf den ersten Blick unsinnig: Warum sollen Potenziale entwickelt werden, wenn die Mitarbeitenden aus der Organisation austreten? Nachfolgend werden die Altersteilzeit und das Outplacement kurz beschrieben.

- **Altersteilzeit**: Die Altersteilzeit wurde in Deutschland eingeführt, um älteren Mitarbeitenden die Möglichkeit zu geben, vorzeitig in den Ruhestand zu gehen und Anreize zu geben, neue Mitarbeitende auf die freiwerdende Stelle einzustellen (Altersteilzeitgesetz). Nach den heutigen Erfahrungen zeigt sich, dass die Altersteilzeit meist als Stellenabbauinstrument von Organisationen genutzt wurde, da die Altersteilzeit mit öffentlichen Mitteln subventioniert wird. In der Praxis wenig genutzt, aber aus Sicht der Personalentwicklung sehr interessant ist das ursprüngliche Modell. Hierbei wäre idealtypisch ein gleitender Ausstieg mit einem zeitgleichen gleitenden Personaleinstieg von Mitarbeitenden realisierbar gewesen. Für Organisationen aus dem Gesundheits- und Sozialbereich können Mitarbeitende, die Schlüsselpositionen innehaben, in der Zeit des Vorruhestands bzw. auch im Ruhestand als Beraterinnen und Berater von großem Nutzen sein. Hier wäre es ein Anliegen der Organisation, in der Phase vor dem Ausstieg aus der aktiven Arbeitszeit durch geeignete Konzeptionen und Maßnahmen der Personalentwicklung hierfür die Grundlagen zu schaffen.

- **Outplacement**: Outplacement (Außenvermittlung) gilt als der Königsweg der Trennung von Organisation und Mitarbeitenden, weil beide Seiten davon profitieren. Die gekündigten Mitarbeitenden erhalten psychologische Unterstützung in der Krise und Unterstützung bei der Suche nach einem neuen Arbeitsplatz. Die Organisation zeigt durch Outplacementmaßnahmen Fairness im Umgang mit den Gekündigten und verhindert negative Auswirkungen auf das Organisationsklima. Outplacementmaßnahmen werden auch von Outplacement-Beratungsfirmen unterstützt.

Personalentwicklungsmaßnahmen sind nach vielen Unterscheidungsmerkmalen zu unterscheiden und jede Systematik ist nur bedingt trennscharf zu führen. Die

vorangegangenen Ausführungen der verschiedenen Personalentwicklungsmaßnahmen into the job, on the job, near the job, along the job, off the job und out
off the job zeigen deutlich die Breite des Spektrums der Möglichkeiten auf.

Hinzu kommt, dass viele Maßnahmen miteinander kombinierbar sind. Ein
Programm zur Führungskräfteentwicklung kombiniert i.d.R. die Maßnahmen on
the job, near the job und off the job. Unter den verschiedenen Personalentwicklungsmaßnahmen werden ‚on-the-Job-Konzepte' wie z.B. Projektarbeit oder
Übernahme von zeitbefristeten Sonderaufgaben sowie strukturelle Maßnahmen
wie Erweiterung von Handlungs- und Entscheidungsspielräumen zunehmend
wichtiger (vgl. Schubert 2003: 137). Für die Maßnahmenkonzeption und -im-
plementierung gilt, dass die Initiativen im Einklang mit der Organisations- und
Personalstrategie stehen müssen.

3.8.3 Kritik und Erfolg der Personalentwicklung

Im Dienstleistungsbereich bestimmen die Qualifikationen und Kompetenzen der
Mitarbeiterinnen und Mitarbeiter in hohem Maß die Qualität ihrer Leistungsprozesse und sichern damit den Erfolg einer Organisation. Die Personalentwicklung
erfüllt hierbei eine Doppelrolle: Sie sichert zum einen das Überleben der Organisation unter sich stetig verändernden Rahmenbedingungen und unterstützt zum
anderen die Mitarbeitenden in der Entwicklung ihrer Handlungskompetenzen.

Es besteht ein weitgehender Konsens darüber, dass sich Organisationen, denen es um ihren Fortbestand oder ihr Wachstum geht, in einem stetigen Organi-
sationswandel befinden müssen. Dieser Wandel gelingt den Organisationen umso besser, je mehr sie sich mit Hilfe der systematischen Personalentwicklung um
die Ressource ‚Personal' bemühen (vgl. Peter 2005: 281).

Die Messung des Beitrags, den die Personalentwicklung einer Organisation
zum Erfolg der Organisation beiträgt ist inhaltlich und methodisch schwer (vgl.
Gmür, Schwerdt 2005: 221 ff.; Hummel 2006: 21ff.; Martin 2006: 22).

Zusammenhänge zwischen Organisationserfolg und Personalentwicklungsmaßnahmen lassen sich nicht eindeutig zuordnen, weil eine Vielzahl anderer
Faktoren auf den Erfolg Einfluss nimmt (wie z.B. die demographische Entwicklung der Zielgruppe oder die Veränderung rechtlicher Bestimmungen). Dennoch
besteht ein grundsätzlicher Konsens über den positiven Beitrag der Personalentwicklung zum Organisationserfolg. Dieser Konsens erhält vor dem Hintergrund
des Change-Managements und dem Konzept der lernenden Organisation zunehmend Verstärkung.

Folgende Kritikpunkte an der Gestaltung der Personalentwicklung werden
in der Praxis in Sozial- und Gesundheitsorganisationen geäußert:

- Kein umfassendes Konzept, keine Systematik: Die Personalentwicklung erfolgt eher zufällig, wenig zielgerichtet und systematisch.
- Die Mitarbeitenden und die Führungskräfte erwarten eine berufliche vertikale Aufwärtsentwicklung und sind demotiviert über mangelnde Aufstiegsmöglichkeiten. Flache Hierarchien bewirken u.a., dass die Zahl an Führungspositionen begrenzt ist.
- In Bereich der Personalentwicklung herrscht eher ein Denken in Ereignissen und nicht in Prozessen. Dies zeigt sich z.B. in kostenintensiven externen Seminaren ohne Transfer in die Arbeitspraxis.
- Das Potenzial der beschäftigten Arbeitnehmerinnen und Arbeitnehmer und der Führungskräfte wird unzureichend ausgenutzt.
- Die Personalentwicklung ist Aufgabe einer dafür zuständigen Stelle und wird nicht ausreichend als Führungsaufgabe verstanden.
- Die Mittel für die Personalentwicklung werden unter dem Kostendruck in den Organisationen weiter reduziert. Brewster und Kabst haben in ihrer Studie einen Rückgang der Personalentwicklungsinvestitionen in Deutschland 2005 gegenüber 2000 festgestellt (vgl. Brewster, Kabst 2006: 52).

Diese Kritikpunkte treffen die Organisationen in sehr unterschiedlichem Ausmaß. Hölzle betont, dass im Bereich der sozialen Dienstleistungen große Unterschiede hinsichtlich der Professionalisierung bestehen. Dies gelte insbesondere im Bereich der Verknüpfung der Personalentwicklung mit der Organisationsentwicklung (vgl. Hölzle 2006: 65).

Für ein Personalentwicklungskonzept lassen sich Gütekriterien aufstellen:
- Das Personalentwicklungskonzept muss sich in die Organisationskultur einfügen. Maßnahmen des Konzepts dürfen keinen Kulturbruch darstellen.
- Das Personalentwicklungskonzept muss in sich stimmig aufgebaut sein und Synergien nutzen.
- Das Konzept, die Kerngedanken und die Zielsetzungen müssen allen Beteiligten bekannt und vertraut sein.
- Die Einführung des Personalkonzepts erfolgt systematisch und unter Einbindung möglichst vieler Beteiligter (Partizipation).
- Das Personalentwicklungskonzept wird evaluiert und stetig weiterentwickelt.

Möglich und sinnvoll sind auch Personalentwicklungskonzepte, die im Verbund oder über einen Dachverband realisiert werden können. Seit 2000 gründen insbesondere Organisationen des Mittelstands Netzwerke, die Personalentwicklungsmaßnahmen im Verbund realisieren. Ging es zunächst um gemeinsame Seminare

und Förderprogramme, so stehen zunehmend der Erfahrungsaustausch, die konkrete Unterstützung der Konzeption von Personalentwicklungsmaßnahmen sowie eine Beratungsleistung durch das Netzwerk im Vordergrund (vgl. Myritz
2006: 20).

3.8.4 Herausforderungen für die zukünftige Personalentwicklung

Im Bereich des Personalmanagements nimmt die Personalentwicklung eine besonders wichtige Bedeutung für den Organisationserfolg ein. Folgende Herausforderungen sind zu nennen:

- Personalentwicklung als Führungsaufgabe: Personalentwicklung ist wesent-
  licher Bestandteil der Führungsaufgabe. Sie stellt keine Nebenaufgabe dar
  und darf nicht als delegierbarer Verantwortungsbaustein verstanden werden.
- Enge Abstimmung der Personalentwicklung zur Personalstrategie und Orga-
  nisationsstrategie: Die Konzeption der Personalentwicklung basiert auf der
  Personalstrategie. Die Personalstrategie ist eng mit der Organisationsstrate-
  gie abgestimmt.
- Partizipation der Personalentwicklung: Personalentwicklung schließt die
  Partizipation der Mitarbeitenden ein. Wünsche, Ziele und Karrierevorstel-
  lungen der Mitarbeitenden müssen systematisch und erhoben und mit der
  Maßnahmenplanung vernetzt werden.
- Potenzialorientierung: Personalentwicklungsmaßnahmen müssen auf den
  Potenzialen der Mitarbeitenden aufbauen. Diese Potenziale müssen deshalb
  systematisch erhoben und dokumentiert werden.
- Umfassende Personalentwicklungsbedarfsplanung: Gezielte Personalentwicklung setzt die Existenz von genauen Aufgaben- bzw. Stellenbeschreibungen und Anforderungsprofilen voraus. Die Anforderungsprofile müssen
  sowohl auf gegenwärtige Aufgaben wie auch auf die zukünftigen Ziele ausgerichtet sein.
- Lernkultur und eine Kompetenz- und Wissensorientierung: Eine Lernkultur
  entsteht durch konsequente Förderung von Verhaltensweisen, die zur Unterstützung von Lernprozessen der Mitarbeitenden beitragen.
- Zielgruppenorientierung und Anspruchsgruppenorientierung: Mitarbeitende
  sind keine homogene Gruppe. Konzepte der Personalentwicklung, die die
  Berufserfahrung, Lebensphasen, Lebensalter und weitere Diversity-Aspekte
  berücksichtigen (wie z.B. Geschlecht, Ethnie, und Behinderungen), können
  alle Mitarbeitenden in den Lernprozess einbeziehen.

Kriterien	Eher traditionelle Personalentwicklung	Eher innovations- und lernorientierte Personalentwicklung
Grundverständnis	▪ Lernende als Objekte ▪ Initiale berufliche Ausbildung mit beruflicher Weiterbildung	▪ Lernende als selbstorganisierende Systeme ▪ Lebenslange Kompetenzentwicklung
Zielsetzung	▪ Steigerung der Effizienz einzelner Mitarbeitender	▪ Langfristige Steigerung der Effizienz von Teilsystemen und des Gesamtsystems ▪ Individuelle Unterstützung bei der Implementierung strategischer Ziele
Beteiligte	▪ Mitarbeitende als Individuen	▪ Einzelne Mitarbeitende, Gruppen, gesamte Organisation wie auch temporär zusammenarbeitende Teams
Voraussetzungen	▪ Hohe fachliche Kompetenz	▪ Hohes Maß an Fach-, Sozial- und personaler Kompetenz der Beteiligten
Methodische und inhaltliche Formen	▪ Externe und interne Bildungs- und Informationsveranstaltungen	▪ Lernen am Arbeitsplatz; Lernortkombinationen (Seminar/Coaching/ Information/ selbstgesteuertes Lernen) ▪ Projektarbeit ▪ Förderung umfassender Handlungskompetenz (Fach-, Sozial-, Methoden- und Reflexionskompetenz) ▪ Engste Verknüpfung von Arbeiten und Lernen ▪ Selbstgesteuerte, selbstorganisierte Lernprozesse ▪ Weitgehende Selbst- und Mitbestimmungsmöglichkeiten des Lernens, individuelle Differenzierung der Lernsituationen
Lernbereiche	▪ Überwiegend kognitiv	▪ Überwiegend affektiv, wertgesteuert, problemlösungsorientiert
Prozesscharakter der Änderungsstrategie	▪ Prozess wird durch die Bildungsabteilung induziert	▪ Selbstauslösend, selbstgesteuert; enge Verzahnung von Führungskraft und Lernenden; Führungskraft übernimmt Verantwortung für die Lernförderung.

Tab. 1: Unterscheidung zwischen einer eher traditionellen und eher innovations-
orientierten Formen der Personalentwicklung (Quelle: In Anlehnung an
Krämer-Stürzl 2003: 174f. mit Änderungen)

Die Tabelle 1 gibt einen umfassenden Überblick über die Abgrenzung einer eher
traditionellen gegenüber einer eher innovations- und lernorientierten Personalentwicklung. In der Organisationspraxis sind eher Mischformen zu beobachten;
dennoch lassen sich Ansatzpunkte zur Veränderung der Gestaltung auf dieser
Basis gut identifizieren.

3.8.5   Praxisinterview zur Personalentwicklung

Frage: „ Können Sie kurz Ihre Einrichtung beschreiben?"

Antwort: „KWABSOS« ist die Abkürzung für »Kommunikations-, Wohn-, Ar-
beits- und Beratungszentrum für gefährdete junge Menschen«.
KWABSOS e.V. ist ein gemeinnütziger Verein und anerkannter freier
Träger der Jugendhilfe. KWABSOS e.V. hat zahlreiche Angebote für
gefährdete junge Menschen. Durch Einzelfallhilfe, Gruppenarbeit,
praktische Unterstützung sowie Wohn- und Werkstattangebote sollen
die TeilnehmerInnen in die Lage versetzt werden, ihr Leben selbstver-
antwortlich zu gestalten. KWABSOS e.V. ist Mitglied im Paritäti-
schen Wohlfahrtsverband Niedersachsen e.V. und kooperiert aktiv in
einem Netzwerk sozialer Einrichtungen und Fachkräfte auf regionaler
und überregionaler Ebene.".

Frage: „Gibt es in Ihrer Einrichtung ein schriftliches Konzept zur Personalentwicklung? Wenn ja, welche Bausteine enthält es? Wenn nein, würden Sie ein solches Konzept für wünschenswert halten und warum?
Welche Inhalte sollte es haben?"

Antwort: „Es gibt momentan kein ausgearbeitetes Konzept zur PE. Grundsätzlich halte ich ein solches Konzept für sinnvoll, durch die öffentliche
und damit oft unsichere Finanzierung ist sinnvolle PE allerdings
manchmal schwierig. Für sinnvoll erachte ich es, da m.E. der Alltag
ohne Perspektive auf Veränderung oder Weiterentwicklung häufig ein
Grund für persönliche Erschöpfung und „burn out" ist. Zudem verändern sich die Anforderungen auch in der sozialen Arbeit, auf die mit
Fortbildung und Weiterbildung reagiert werden muss. Hierbei müssen
persönliche Interessen der MA mit den Interessen der Organisation abgestimmt werden."

Frage: „Welche Personalentwicklungsmaßnahmen finden in Ihrer Einrichtung
statt?"

Antwort: „Es finden – zugegegen nicht regelmäßig und nicht mit allen MA –
MitarbeiterInnen-Gespräche statt, in denen es u.a. um Veränderungs-
perspektiven (berufsbegleitende Fortbildung, Einsatz in der Einrichtung geht). Neue MitarbeiterInnen (Berufsanfänger bzw. „Neulinge" in
diesem Arbeitsfeld werden durch erfahrene MitarbeiterInnen in ihr Ar-

beitsfeld eingeführt und in der Regel mindestens sechs Monate begleitet (Teamarbeit), ca. zweimonatlich finden Reflexionsgespräche der
neuen MitarbeiterInnen mit der Leitung statt. Ständig geben wir einer
größeren Zahl von StudentInnen die Möglichkeit, im Rahmen von län-
gerfristigen Praktika (mind. 6 Monate) das Berufsfeld von KWABSOS
kennen zu lernen und ihre eigenen Kompetenzen zu verbessern. Regelmäßig finden interne Fortbildungen bzw. Fachtage statt, an denen
alle pädagogischen MitarbeiterInnen teilnehmen und auf denen fachliche Inputs gegeben und diskutiert oder an denen an der Qualitätsentwicklung der Einrichtung gearbeitet wird. Z.Zt. findet ein Organisati-
onsentwicklungsprozess mit externer Unterstützung statt."

Frage: „Welche Personalentwicklungsmaßnahmen werden aus Ihrer Sicht
            eher an Bedeutung verlieren, welche an Bedeutung gewinnen?"

Antwort: „Die Gewinnung und Schulung fachlich geeigneter junger Mitarbeiter-
            Innen wird zumindest in unserer Einrichtung an Bedeutung gewinnen."

Frage: „Wie wird der Erfolg der Personalentwicklungsmaßnahmen in Ihrer
            Einrichtung festgestellt?

Antwort: „Ein bestimmtes Instrument zur Erfolgskontrolle haben wir nicht."

4   Organisationskultur und Gesundheit

4.1   Organisationskultur

Der Begriff der Organisationskultur wird oft auch synonym mit den Begriffen Unternehmenskultur, Firmenkultur oder Corporate Culture bezeichnet. Allgemein bezeichnet dieser Begriff die Gesamtheit von Normen, Wertvorstellungen und Denkhaltungen, die Einfluss auf das Verhalten der Mitarbeiter prägen und das Erscheinungsbild einer Organisation beeinflussen.

Schein definiert die Organisationskultur als „ein Muster gemeinsamer Grundprämissen, das die Gruppe bei der Bewältigung ihrer Probleme externer Anpassung und interner Integration erlernt hat, das sich bewährt hat und somit als bindend gilt und das daher an neue Mitarbeiter als rational und emotional korrekter Ansatz für den Umgang mit diesen Problemen weitergegeben wird" (Schein 1995: 259). Damit erhält jede Organisation eine eigene, unverwechselbare Systemidentität, die sowohl nach innen in die Organisation wie auch nach außen wirkt. Die Organisationskultur beeinflusst das soziale Miteinander erheblich. Sie prägt Entscheidungen, Handlungen und Aktivität der Mitglieder einer Organisation. Eine schlechte Organisationskultur bewirkt ein schlechtes Organisationsklima, Mobbingvorfälle, Illoyalität oder auch innere Kündigungen von Mitarbeiterinnen und Mitarbeitern (vgl. Decker 2000: 175).

Die Organisationskultur ist ein vielschichtiges Phänomen, wobei auch nur ein kleiner Teil sichtbar ist.

Zu unterscheiden sind drei Ebenen:
- an der Oberfläche die sichtbaren Verhaltensweisen sowie physische Ausdrucksformen
- auf einer zweiten Ebene die Wertvorstellungen, die beinhalten, was aus Sicht der Organisationsmitglieder sein sollte
- auf der dritten Ebene die Basisannahmen über das Wesen des Menschen und seine Bezüge zur Umwelt.

Das Personalmanagement beeinflusst einerseits durch seine Gestaltungsmaßnahmen in den einzelnen Handlungsfeldern die Organisationskultur. Andererseits nimmt die Organisationskultur einen wesentlichen Einfluss auf die Ausgestaltung des Personalmanagements. Diese Wechselwirkung kann als Interaktion bezeichnet werden. Sie ist veränderlich, allerdings nicht bezogen auf kurze oder auch mittelfristige Bezugszeiträume. Aufgrund der Vielschichtigkeit ist der Glaube, eine Organisationskultur „mal eben" verändern zu können, als Irrglaube zu bezeichnen.

Jede Kommunikation und Interaktion im Kontext aller Gestaltungsbereiche des Personalmanagements beeinflusst die Organisationskultur in unterschiedlichen Ausprägungen. Sehr kontrollierendes Führungsverhalten z.B. kann auf Seiten der Mitarbeitenden als Ausdruck einer Misstrauenskultur verstanden werden. Fehlende Partizipationsmöglichkeiten bei Entscheidungsprozessen würden dieses Bild verstärken. In anderen Kontexten kann ein kontrollierendes Verhalten das Sicherheitsgefühl der Mitarbeitenden vielleicht stärken und als positiv wahrgenommen werden.

Die Entwicklung der Organisationskultur basiert auf der individuellen Organisationsgeschichte und kann als organisationaler Lernprozess verstanden werden.

4.2 Praxisbeitrag zur Inneren Kündigung
Demotivation – Phänomen, Ursachen und Handhabung der Inneren Kündigung
(Marion Schindler)

Das Eingehen eines Beschäftigungsverhältnisses in sozialen Dienstleistungsunternehmen dient den Mitarbeitern[2] nicht nur dem Erzielen eines Erwerbseinkommens, sondern auch als Möglichkeit, engagiert und kompetent gesellschaftlichen und sozialen Aufgaben nachzugehen. Vor dem Hintergrund besonderer Werteorientierungen von Nonprofit-Organisationen, von zahlreichen Institutionen der sozialen Arbeit in spezifischen Leitbildern auch schriftlich dargelegt, erkennen diese Mitarbeitern in ihrem Arbeitsalltag sehr schnell, ob sie ihre Professionalität wirksam einsetzen können und für ihre eingebrachte Leistung eine entsprechende Beachtung finden oder ob in Entscheidungssituationen Sach- und Finanzmitteln ein höherer Stellenwert zugeschrieben wird. Sie haben in der Regel ein feines Gespür dafür, ob Äußerungen der Wertschätzung aufrichtig oder mit Vorsicht zu genießen sind. Registrieren Mitarbeiter „Störungen", können sie unterschiedlich reagieren, nämlich positiv, indem sie ihre Wahrnehmung einbringen und sich für bessere Führungs- und Kooperationsbeziehungen sowie für bessere Arbeitsbedingungen im sozialen Bereich einsetzen, oder aber negativ, indem sie demotiviert ihr Engagement reduzieren und ihre Leistungswirksamkeit begrenzen. Um die zweite Verhaltensstrategie soll es hier im weiteren Verlauf der Diskussion gehen, thematisiert am Beispiel der Inneren Kündigung.

1. Das Phänomen der Inneren Kündigung

Die Fachliteratur betrachtend und die betriebliche Umgangssprache wahrnehmend fällt auf, dass Innere Kündigung oftmals als schlagwortartige Bezeichnung für Lustlosigkeit und Demotivation genutzt wird. Synonym fallen Begriffe wie „Selbstpensionierung", „Selbstbeurlaubung", „innere Emigration", „innere Verweigerung" und „Leistungsminimierung" (vgl. Faller 1993: 80 und von Massenbach 2001: 7). Allgemein stellt das Phänomen der Inneren Kündigung ein zeitlich relativ stabiles, in der Regel bewusstes Verhaltensmuster dar, gekennzeichnet durch eine distanzierte, ablehnende sowie pessimistische bis resignative Grundhaltung gegenüber der Arbeitssituation (vgl. Wunderer, Küpers 2003:

---

[2] In sozialen Dienstleistungsunternehmen arbeiten in hohem Umfang Frauen. Ohne diskriminieren zu wollen, soll im Folgenden die Bezeichnung Mitarbeiter für männliche und weibliche Personen gleichermaßen gelten. Diese Verfahrensweise wird auch für andere Personenbezeichnungen angewendet. Sie dient lediglich dazu, die Lesbarkeit des Textes zu vereinfachen.

146). Bei innerlich Gekündigten reduziert sich das berufliche Engagement oft auf einen „Dienst nach Vorschrift"; ein leistungsmotiviertes Denken und Handeln beweisen sie eher außerhalb des Arbeitsverhältnisses. „Das Besondere des Menschen findet anderswo statt" (Sprenger 2000: 34).

Zur Verbreitung der Inneren Kündigung in sozialen Dienstleistungsunternehmen liegen keine empirischen Daten vor. Eigene Erfahrungen in unterschiedlichen beruflichen Fach- und Führungsfunktionen sowie in der Supervision von Mitarbeitern, Gruppen und Teams im Nonprofit-Bereich lassen jedoch darauf schließen, dass in Institutionen der sozialen Arbeit das Phänomen der Inneren Kündigung eher stärker verbreitet ist als in Wirtschaftsunternehmen, zu denen branchenspezifisch von einer Rate der innerlich gekündigten Mitarbeiter zwischen 20 und 40 Prozent ausgegangen wird (vgl. Hilb 1992: 4 und Krystek, Becherer, Deichelmann 1995: 26).

Sicherlich sollte mit diesen Einschätzungen aufgrund methodologischer und methodischer Probleme der Erfassung von Innerer Kündigung behutsam umgegangen werden. Dessen ungeachtet stellt Innere Kündigung, insbesondere in Zeiten knapper werdender finanzieller Mittel mit starken Rationalisierungsanforderungen, eine zusätzliche Verknappung ohnehin häufig eng bemessener Personalkapazitäten dar.

2. Folgen der Inneren Kündigung auf der Mitarbeiter- und Organisationsebene

Mitarbeiter, die immer wieder Demotivationserfahrungen sammeln und unter nachhaltiger Arbeitsunzufriedenheit leiden, kündigen innerlich und protestieren damit lautlos gegen belastende Umstände in ihren Institutionen. Verhaltenstypisch für innerlich gekündigte Mitarbeiter ist es, kein Interesse mehr an Auseinandersetzungen zu haben, zum Ja-Sager zu werden, sich bei Diskussionen stets der Mehrheit anzuschließen, Entscheidungen von Vorgesetzten kommentarlos zu akzeptieren, keine Ideen mehr einzubringen, Eingriffe in den Delegationsbereich und ungerechtfertigte Kritik hinzunehmen, äußerlich noch irgendwie mitzuspielen sowie die Grenzen der Auffälligkeit geschickt zu unterschreiten.

Von Innerer Kündigung Betroffene fühlen eine andauernde Ablehnung ihrer Arbeitssituation in sich und empfinden beim bloßen Gedanken an ihren Arbeitsplatz seelisches Unwohlsein. Es kann von einem Prozess ausgegangen werden, der über Frustration, Resignation bis hin zur Depression und Selbstachtungslosigkeit verläuft (vgl. Faller 1993: 103ff.). Die emotionale Distanzierung von der Arbeit führt zu destruktiven Persönlichkeitsveränderungen sowie psychosomatischen Erkrankungen (vgl. Hilb 1992: 18). Eine Studie von Richter (vgl. Richter 1999: 130f.) ergab, dass aktuell innerlich Gekündigte signifikant mehr krankheitsbedingte Fehltage als innerlich noch nie gekündigte Mitarbeiter aufweisen.

Indikatoren auf der Organisationsebene sind u. a. sinkende Produktivität, Qualitätseinbußen, steigende Zeiten bei der Erfüllung von Aufgaben und Widerstand in Organisationsentwicklungsprojekten (vgl. Krystek, Becherer, Diechelmann 1995: 48ff.). Als Hinweise auf eine starke Verbreitung von Innerer Kündigung gelten die schwache Reaktion auf Motivationsanreize, ein Klima der Distanz, Unterkühlung und Pseudoharmonie, eine ironisch-sarkastische Art, wie Mitarbeiter vor Klienten, Kollegen und Vorgesetzten über ihre Einrichtung und ihre Arbeit sprechen, das fehlende Interesse der Mitarbeiter, tätigkeitsbezogene Informationen bereitwillig weiterzugeben und sich bei der Aufgabenerfüllung gegenseitig zu helfen (vgl. Faller 1993: 109f.).

Die Brisanz der Inneren Kündigung liegt auch in dem Umstand, dass sich das „Sich-Selbst-zur-Ruhe-Setzen" keineswegs auf bestimmte Mitarbeitergruppen beschränkt, sondern auf allen Arbeits- und Führungsebenen sowie in allen Phasen des Lebens- und Dienstalters vorkommt. Allgemein haben Untersuchungen nachgewiesen, dass Innere Kündigung insbesondere bei Mitarbeitern auftritt, die ursprünglich hoch motiviert waren (vgl. Löhnert 1990: 49) und zu den Leistungsträgern in ihren Berufsfeldern zählten.

3. Erklärungsansätze zur Inneren Kündigung

Für die Erklärung des Phänomens der Inneren Kündigung bietet es sich an, die Beziehung zwischen Individuum und Organisation zu betrachten. Beim Eintritt eines neuen Mitarbeiters in ein soziales Dienstleistungsunternehmen wird neben dem Arbeitsvertrag implizit ein psychologischer Vertrag geschlossen, der als Modell für die Regelung der vielfältigen Erwartungen und Anspruchshaltungen von Arbeitnehmern und Arbeitgebern, die nicht formal-vertraglich fixiert und tendenziell nicht kontrollierbar sind, betrachtet werden kann (vgl. Faller 1993: 34ff. und von Massenbach 2001: 26 ff.). Der psychologische Vertrag des Mitarbeiters beschreibt die Bedingungen, unter denen sich der Mitarbeiter bei seiner Aufgabenerfüllung motiviert einbringt und zu denen er bereit ist, arbeitgeberseitigen Erwartungen der Unterordnung, der beinahe jederzeitigen Verfügbarkeit sowie der uneingeschränkten Loyalität zu entsprechen. Dieser Vertrag mit seinen unsichtbaren Ergänzungen des förmlichen Arbeitsvertrages erfüllt sich nach Schein (vgl. Schein 1980: 24f.) für den Mitarbeiter durch die Wahrnehmung, die Organisation und seine eigene berufliche Situation soweit beeinflussen zu können, dass er sich nicht übervorteilt fühlt.

Wenn ein Mitarbeiter erlebt, dass seine Erwartungen hinsichtlich eines akzeptablen Arbeitsumfeldes, einer angemessenen Aufgabenbelastung, einer leistungsadäquaten Entlohnung und beruflicher Entwicklungschancen sowie seine Bedürfnisse nach Fairness, Vertrauen, Anerkennung und Wertschätzung in den

Führungs- und Kooperationsbeziehungen nicht realisierbar sind, stehen ihm grundsätzlich drei Strategien zur Verfügung:

- Zunächst kann er die Möglichkeit der Einflussnahme nutzen und versuchen, seine Situation im Unternehmen zu verändern, was allerdings ausgeprägte Kompetenzen im Bereich des Durchsetzungsverhaltens, der Konfliktfähigkeit und Selbstsicherheit erfordert.

- Zum anderen bietet sich, jedoch determiniert durch die gesamtwirtschaftliche, regionale und branchenbezogene Arbeitsmarktsituation sowie durch das persönliche Mobilitäts- und Qualifikationsniveau des Mitarbeiters, die Alternative, die bisherige Organisation zu verlassen und eine neue Aufgabe in einem anderen Unternehmen zu suchen.

- Wenn es dem Mitarbeiter trotz nachhaltiger Bemühungen nicht gelingt, negativ wahrgenommene Komponenten der Arbeitssituation korrigierend zu beeinflussen, und besteht für ihn keine Chance, offen zu kündigen, verbleibt ihm als dritte Reaktionsform, sich mit der Situation abzufinden und innerlich zu kündigen.

Hinter der Inneren Kündigung steht der Versuch des Mitarbeiters, das gestörte „Verhältnis von Geben und Nehmen am Arbeitsplatz" auszugleichen und zu einem ausgewogenen sowie als gerecht empfundenen „psychologischen Arbeitsvertrag" zu gelangen. Ob dabei „ein ‚objektiver' Bruch des Inneren Vertrages bzw. eine ‚objektive' Störung des Gleichgewichts vorliegt oder nicht, ist müßig zu fragen, da es sich um eine individuelle Wahrnehmungskonstruktion handelt und auch nur diese für den Betroffenen von Bedeutung ist" (Schmitz, Gayler, Jehle 2002: 45). Zwar verfügt der psychologische Arbeitsvertrag nur über eine „subjektive Wirklichkeit", die jedoch in vollem Maße wahrnehmungs-, verhaltens- und handlungsrelevant ist. Mitarbeiter, die sich beispielsweise falsch behandelt oder unterbezahlt fühlen und bei Beförderungen übergangen wurden, tendieren dazu, die Situation zu ihren Gunsten umzugestalten, um sie für sich wieder gerechter werden zu lassen (vgl. Löhnert 1990, S. 32 f.). Sie gleichen vermeintliche oder objektive Benachteiligungen durch eine nachhaltige Rücknahme ihres Engagements aus; ihre Arbeitsmotivation verringert sich und wird zur Demotivation.

Innere Kündigung ist jedoch, worauf empirische Befunde (vgl. Richter 1999: 125ff.) hinweisen, kein nicht-reversibler Prozess. Manchmal gelingt es Mitarbeitern, einen bisherigen Zustand der Inneren Kündigung zu überwinden und sich wieder engagiert einzubringen, vor allem, wenn in den sozialen Dienstleistungsunternehmen das Phänomen ernst genommen wird, eine gezielte Ursachenanalyse stattfindet und adäquate Handhabungsinitiativen folgen. Ändert sich an der negativ wahrgenommenen Arbeitssituation nachhaltig nichts, so können betroffene Mitarbeiter ihre Innere Kündigung auch als Ausgangspunkt für die Suche nach einer neuen Aufgabe in einer anderen Institution nutzen und bei entsprechendem Erfolg die innere in eine äußere Kündigung umwandeln.

4. Ursachen der Inneren Kündigung

Innere Kündigung kann als ein multikausales Phänomen verstanden werden, als ein schleichender Prozess, gespeist aus mehreren, systemisch wirkenden und sich wechselseitig verstärkenden Quellen (vgl. Krystek, Becherer, Deichelmann 1995: 64f.). Voraussetzung für eine wirkungsvolle Handhabung der Inneren Kündigung ist eine sorgfältige Ursachenanalyse, die sich nicht auf die Erfassung einhergehender Symptome (z.B. sinkende Produktivität, sich verschlechterndes Arbeitsklima, höhere Fehlzeiten) konzentriert, sondern nach den Gründen für den Bruch des psychologischen Vertrages sucht. Auch die von Faller (vgl. Faller 1993: 200ff.) gewählte Perspektive, Unzufriedenheit und Stress als zentrale Ursachen der Inneren Kündigung anzusehen, greift zu kurz und verharrt auf der Symptomebene. Zur Ableitung adäquater Präventions- und Interventionsstrategien erscheint es zweckmäßiger, die Beziehung zwischen den sozialen Dienstleistungsunternehmen und ihren Mitarbeitern als Ursachenfeld zu betrachten.

4.1 Ursachen auf der Organisationsebene

Es lassen sich innerhalb der sozialen Arbeit Institutionen finden, die Innere Kündigung als Überlebensstrategie für Mitarbeiter provozieren. Funktionieren diese Einrichtungen vergleichbar Behörden, dann würde auf sie die für den Bereich der öffentlichen Verwaltung formulierte These, dass „man erst dann systemkonform arbeiten kann, wenn man die Innere Kündigung schon vollzogen hat" (Hablützel 1992: 31), zutreffen. Aus institutionsbezogener Sicht kann „Innere Kündigung als Instrument der Aufrechterhaltung von Leistungsnormen und Standards" (Nachbagauer, Riedl 1999: 13) sogar funktional sein. Will die Leitung einer sozialen Einrichtung vorhandene Strukturen, die sich in der Aufbauorganisation, in den Arbeitsabläufen sowie in Karrieremodellen und Vergütungskonzepten manifestieren, prinzipiell nicht verändern, dann kann ihr das zurückgezogene Verhalten von innerlich gekündigten Mitarbeitern gerade recht sein.

Innere Kündigung als Organisationsmerkmal lässt sich grob auf folgende Hauptursachen zurückführen: hierarchieorientierte Organisationsstrukturen, misstrauensbasierte Führungskultur, bürokratische Arbeitsprozesse, paradoxe Steuerungssysteme und widersprüchliche Unternehmensleitbilder (vgl. Hilb 1992: 13). Diese wirken einzeln, vor allem aber aufgrund sich verstärkender Wechselwirkungen in ihrer Gesamtheit.

4.1.1 Hierarchieorientierte Organisationsstrukturen

Trotz aller Aufforderungen zur Verschlankung der Organisation und Teamarbeit fungiert in zahlreichen Institutionen der sozialen Arbeit weiterhin Hierarchie als der Steuerungs- und Koordinationsmechanismus. Durch die hierarchische Ordnung von Führungskräften und Mitarbeitern wird versucht, ohne hohen Kommunikationsaufwand verhältnismäßig schnell widerspruchsfreie Entscheidungen zu treffen und für deren reibungslose Umsetzung zu sorgen. Und zahlreiche Leitungs- und Führungskräfte sozialer Einrichtungen gefallen sich in ihrem Einfluss- und Machtgebaren, zumindest im Erreichen persönlicher Karrierezeiele, welche in der Regel in einem positionalen Aufstieg bzw. einer hierarchischen Besserstellung gesehen werden. Die Selbstverständlichkeit, mit der Hierarchie in Unternehmen seitens der Mitarbeiter bisher hingenommen wurde, scheint jedoch vorbei zu sein. „Die Mitarbeiter haben in einer hierarchischen Organisation zwar keine andere Wahl, als die Anordnungen der Vorgesetzten formal zu akzeptieren. Sie sind jedoch in der Lage, in ihrer alltäglichen Arbeit die Anweisungen zu ignorieren, zu unterlaufen oder abzuändern" (Kühl 2002: 21).

4.1.2 Misstrauensbasierte Führungskultur

Eng verknüpft mit der strukturellen Gestalt eines Unternehmens ist die Ausprägung der Führungskultur. Häufig weisen Führungskräfte ein bewusstes, manchmal aber auch gänzlich unbewusstes Misstrauen gegenüber ihren Mitarbeitern auf. Grund dafür ist ein überkommenes Menschenbild, das von der pessimistischen Vorstellung ausgeht, die Leistung von Mitarbeitern ausschließlich in Abhängigkeit von extrinsischen Anreizen sowie strenger Fremdkontrolle sieht (vgl. Krystek, Becherer, Deichelmann 1995: 104). Seine Konkretisierung findet ein derartiges Menschenbild in einem offen oder latent autoritären Führungsstil, der den Mitarbeitern eigene Entscheidungsspielräume sowie Möglichkeiten der Selbstverantwortung und -kontrolle in starkem Maße nimmt.

    Vielfältige Untersuchungen (vgl. Weibler 1997: 188ff.) belegen einen positiven Zusammenhang zwischen Arbeitsmotivation effizienter Zusammenarbeit sowie der Bereitschaft zur aktiven Mitwirkung bei organisatorischen Veränderungen und Vertrauen. Autoritäres Führungsverhalten ist jedoch für die Etablierung von Vertrauen gänzlich ungeeignet, zum einen, weil es auf Misstrauen den Mitarbeitern gegenüber basiert, zum anderen, weil Mitarbeiter in einer derartigen Kultur kein Vertrauen gegenüber Führungskräften entwickeln. Diese Reziprozität der Misstrauensbeziehung pflastert den Weg in die Innere Kündigung. Darauf macht auch eine neue theoretische Untersuchung (Fisch 2003) aufmerksam, der zufolge Mitarbeiter nicht zwangsläufig opportunistisch handeln, sondern ihr

Verhalten an das ihnen durch die Führungsphilosophie und Unternehmenskultur entgegengebrachte Menschenbild anpassen, was letztendlich zur Inneren Kündigung im Sinne einer sich selbsterfüllenden Prophezeiung führt.

4.1.3 Paradoxe Steuerungssysteme

Soziale Dienstleistungsunternehmen nutzen zunehmend aus Profit-Organisationen bekannte Managementsysteme und Führungsinstrumente. Eine besonders hohe Aufmerksamkeit erfahren Zielvereinbarungen sowie erfolgsabhängige Vergütungssysteme (vgl. Söldner 2009). Dahinter versteckt sich in den meisten Fällen ein klassisches, behavioristisches Motivierungsverständnis, wonach erwünschte Verhaltensweisen durch extrinsische Anreize konditioniert werden können. Mittlerweile liegen jedoch empirische Befunde vor, die ein Unterwandern und Verdrängen wertvoller intrinsischer Motivation durch extrinsische Motivierung belegen (vgl. Kohn 1993). Auch in theoriegeleiteten Diskussionen setzt sich immer mehr die Argumentation durch, dass extrinsische Anreizsysteme kontraproduktiv wirken, weil sie das Gefühl der Fremdbestimmung verstärken und vieles von dem destruieren, was Mitarbeiter üblicherweise mitbringen, z.B. die Fähigkeit zu kreativem Denken sowie die Bereitschaft zur konstruktiven Zusammenarbeit (vgl. Frey 1997: 23f. und Söldner 2009: 29f.).

Ferner weisen die Instrumente des Motivierungsmanagements oftmals einen suggestiven Charakter auf. Mit ihnen wird den Mitarbeitern mehr Selbstverantwortung und Verhaltensspielräume bei der Aufgabenbewältigung sowie Einfluss auf die individuelle Gehaltsentwicklung „versprochen". Erfolgt jedoch eine Verknüpfung von Zielvereinbarungs- und Entlohnungssystemen mit einem ausgeprägten Kontrollbewusstsein auf Seiten der Leitungs- und Führungskräfte, schließen sich die Handlungsfreiräume der Mitarbeiter wieder und die als modern ausgegebenen Managementpraktiken übernehmen dann die Rolle eines „command and control". Bedauerliche, vielleicht aber auch gewollte Begleiterscheinung ist die „Suspendierung der Persönlichkeit" (Sprenger 2000: 36), und zwar nicht nur auf Seiten der Mitarbeiter, auch – und vielleicht unbemerkt – auf Seiten der Leitungs- und Führungskräfte in den sozialen Einrichtungen.

4.1.4 Bürokratische Arbeitsprozesse

Der individuellen Souveränität der Mitarbeiter werden ferner Grenzen gesetzt durch eine starke bürokratische Reglementierung der Arbeitsprozesse. Zwar dienen Regeln und Vorschriften insbesondere dem Qualitätsmanagement in der sozialen Arbeit, doch lassen sich in vielen Bereichen bürokratische Auswüchse feststellen, die nicht durch gesetzliche oder handlungsfeld- und organisationsspezifische Anforderungen gerechtfertigt sind, sondern vielmehr einem überzogenen Sicherheitsdenken bzw. Kontrollbedürfnis der Leitungseinheiten sozialer Dienstleistungsunternehmen entspringen.

Untersuchungen bestätigen eine starke Korrelation zwischen den unmittelbaren Arbeitsbedingungen und Autonomieempfinden (vgl. Löhnert 1990: 89f. und Faller 1993: 223f.). Umfangreiche und komplizierte formale Regelwerke begünstigen Autonomiedefizite; sie bewirken eine weitere „Entmündigung des Personals", unter der vor allem handlungs- und gestaltungsorientierte Mitarbeiter leiden, denen Realisierungsmöglichkeiten eigener Potentiale wichtig sind. Erfahrungen, die eigene Kompetenz und Professionalität nicht beweisen zu können, begünstigen Ohnmachtsgefühle und Hilflosigkeit (vgl. von Massenbach 2001: 19ff. und 140ff.). Mit der Inneren Kündigung finden die Mitarbeiter dann eine Einstellung, die nicht mehr im Widerspruch zur Arbeitssituation steht.

4.1.5 Widersprüchliche Leitbilder

Sinnerfahrung als Teil einer professionellen Identität stellt insbesondere in Einrichtungen der sozialen Arbeit eine unabdingbare Voraussetzung für Motivation dar. Folglich werden mangelnde Sinnstiftung und Visionslosigkeit als eine der Hauptursachen für Innere Kündigung angeführt (vgl. Hilb 1992: 12ff. und Krystek, Becherer, Deichelmann 1995: 108ff.). Wiewohl es dann plausibel erscheint, den Mitarbeitern mit Hilfe von Leitbildern eine arbeits- und organisationsbezogene Sinnfindung zu ermöglichen, darf nicht außer Acht gelassen werden, welche Schwierigkeiten mit einer konsensfähigen Entwicklung und Implementierung derartiger „Managementphilosophien" verbunden sind. Leitbilder müssen in jedem Fall einen klaren Realitätsbezug aufweisen, dürfen also keine „Alibifunktion" übernehmen oder als „scheinheilig" wahrgenommene Zielvorstellungen und Verhaltensorientierungen gelten.

Demotivationale Effekte ergeben sich, wenn Mitarbeiter eine deutliche Kluft zwischen Anspruch und Wirklichkeit erleben, beispielsweise im Kontext eines Spagats zwischen mittlerweile starken wirtschaftlichen Handlungszwängen und ethischen Modellen der sozialen Arbeit (vgl. Wilken 2000). Erkennen die Mitarbeiter eine starke Inkongruenz zwischen dem Denken und Handeln in einer sozialen Einrichtung und dem Leitbild der Institution, oder werden Mitarbeiter durch inkompatible Steuerungsinstrumente zu dem Leitbild entgegengesetztem Verhalten aufgefordert, dann trägt die Differenz zwischen „Rhetorik und Praxis" enorm zu einer Misstrauenskultur bei (vgl. Wunderer, Küpers 2003: 229).

4.2 Ursachen auf der Mitarbeiterebene

Wie bereits oben angemerkt, ist Innere Kündigung als multikausales Geschehen zu interpretieren, weshalb im Sinne einer ganzheitlichen Herangehensweise nicht nur auf der organisationalen sondern auch auf der Individualebene mögliche Bedingungsfaktoren zu identifizieren sind. So lässt sich Innere Kündigung zugleich als Organisationsmerkmal und als persönliche Notwehr der Mitarbeiter gegen die Bedrohung ihrer Handlungsfreiheit und -fähigkeit interpretieren. In der Regel äußern tatkräftig arbeitende und zielbewusst handelnde Mitarbeiter ein Erleben, „aufzulaufen", weil beispielsweise zu oft Bedenken gegen Initiativen und Aktivitäten geäußert werden, diejenigen, die Entscheidungen treffen sollen, sich bedeckt halten, diejenigen, die irgendwie mitmachen müssten, keine Zeit haben oder vorgeben, keine Zeit zu haben, und zu häufig weitere Überprüfungen der Initiativen und Aktivitäten verlangt oder erzielte Ergebnisse anderer, den eigenen oder nächsthöheren Führungskräften zugeschrieben werden. Solche Erscheinungsformen zermürben und lassen Hilflosigkeit entstehen.

Bei ihren Versuchen der Erklärung Innerer Kündigung knüpfen Löhnert (vgl. Löhnert 1990: 155 ff.), Faller (vgl. Faller 1993: 170ff.) und von Massenbach (vgl. Massenbach 2001: 138ff.) an die durch den amerikanischen Psychologen Martin E. P. Seligman (1975 und 1979) entwickelte „Theorie der gelernten Hilflosigkeit" an. Die Gemeinsamkeit von Innerer Kündigung und Hilflosigkeit beruht in der Erfahrung von Unkontrollierbarkeit. Mitarbeiter werden dann hilflos, wenn sie über einen längeren Zeitraum annehmen, keine Kontrolle mehr über die eigene Arbeitssituation ausüben zu können. Dabei kommt es nicht auf die Objektivität des Kontrollverlustes an; ausschlaggebend ist vielmehr die subjektive Repräsentation der Verhältnisse im Unternehmen und am Arbeitsplatz. Wenn sie keine Möglichkeit mehr sehen, durch eigenes Verhalten die Qualität der Aufgabenerfüllung und die Bedingungen für ein konsensfähiges Arbeitsumfeld zu beeinflussen, hören Mitarbeiter auf zu handeln.

Bisher ist es nicht gelungen, Ursachen der Inneren Kündigung auf der Individualebene nachzuweisen. In der Zusammenfassung seiner empirischen Untersuchung weist Richter (vgl. Richter 1999: 135) nur darauf hin, dass Innere Kündigung und ein geringes internales Kontrollempfinden einhergehen. Die Existenz einer Ursache-Wirkung-Beziehung auf der individuellen Seite bleibt weiterhin offen. Innere Kündigung stellt zwar ein personales Faktum dar. Doch auch das Heranziehen des Konstruktes der gelernten Hilflosigkeit zeigt, dass die Entscheidung von Mitarbeitern, ihr Engagement am Arbeitsplatz zurückzuziehen, auf Verhältnissen und Situationen in der Organisation basiert. In einem moderierenden und verstärkenden, nicht in einem ursächlichen Sinne kommen jedoch individuelle Faktoren hinzu, insbesondere die Fähigkeit zur kritischen Selbstreflexion und realistischen Auseinandersetzung mit beruflichen Erwartungshaltungen sowie grundlegende Persönlichkeits- bzw. Verhaltensdispositionen.

4.2.1 Mangelnde Reflexionsbereitschaft

Vor dem Hintergrund eines ausgeprägten „Helfersyndroms" (vgl. Schmidtbauer 2007) neigen Mitarbeiter sozialer Dienstleistungsunternehmen oftmals dazu, ihre persönliche Arbeitssituation nicht hinreichend zu reflektieren. Diese Mitarbeiter, die ihre Handlungen, Empfindungen und Gedanken am Arbeitsplatz nicht genügend hinterfragen, sind für eine Innere Kündigung besonders anfällig. Zwar kann wegen der vielfältigen Restriktionen auf der Organisationsebene, die sich vor allem durch die zuvor geschilderten Wirkungen destruktiver Organisationsstrukturen, Führungskulturphänomene und Steuerungssysteme ergeben, davon ausgegangen werden, dass Mitarbeiter in ihren Unternehmen gar nicht bzw. nur in geringem Maße über Möglichkeiten der Einflussnahme und Mitgestaltung verfügen. Dennoch darf die Relevanz der Selbstreflexion für das individuelle Wirksamkeitserleben und Verhalten nicht unterschätzt werden (vgl. Tisdale 1998).

Mitarbeiter, die beruflich erfolgreich sind und über eine ausgeprägte Arbeitszufriedenheit verfügen, zeichnen sich oft durch die Fähigkeit aus, mit Niederlagen und Rückschlägen am Arbeitsplatz gut fertig werden zu können. Sie nehmen Unterschiede zwischen erfolgs- und misserfolgsgeprägten Arbeitssituationen deutlich wahr und eignen sich ein „Kontingenzwissen" (Flammer 1990: 207) an, das ihnen gedanklich immer wieder Auskunft gibt über die Bedingungen, unter denen sie sich verhalten, und welches eigene Denken und Handeln zu einem bestimmten Ergebnis führt. Eignen sich Mitarbeiter hingegen eine „Erfahrungsresistenz" (Flammer 1990: 204) an, werden sie neue Erfahrungen immer wieder als bedrohlich empfinden und aufgrund einer mangelnden Reflexionsbereitschaft Gefahr laufen, auch ein positives Erleben zugunsten einer pessimistischen und resignativen Einstellung statt als Chance zur Erweiterung eigener Handlungsmöglichkeiten zu interpretieren. Diese Personen finden dann zwangsläufig keinen Weg aus einer vollzogenen Inneren Kündigung, oder sie nutzen einen Erfahrungswiderstand zu Selbstschutzzwecken, falls die Innere Kündigung von ihnen als Handlungsstrategie erwogen wird.

4.2.2 Unerfüllte Karriereerwartungen

Im Hinblick auf die Bestimmung von Innerer Kündigung als Reaktionsform auf Brüche des psychologischen Arbeitsvertrages weist Richter auf den „Inneren Laufbahnvertrag" als potentiellen Ursachenzusammenhang hin: „Spannungsverhältnisse zwischen Individuum und Organisation sind dann zu erahnen, wenn

Erwartungen an die individuellen Berufsverlaufs- und Karriereformen aus der Sicht des Mitarbeiters nicht realisiert werden, d.h. ein Aspekt des Inneren Vertrages nicht eingelöst bzw. aufrechterhalten wird" (1999: 132). Schon immer stellte, neben einer relativen Arbeitsplatzsicherheit sowie angemessener Vergütung und Versorgungsansprüche, eine vorhersehbare Laufbahn- und Karriereentwicklung eine wichtige Motivationsquelle dar. Seit geraumer Zeit erweist sich jedoch das „Verhältnis zwischen der objektiven beruflichen Laufbahn und der subjektiven Laufbahnprojektion" (Richter 1999: 133) häufig als nicht deckungsgleich. Bestehende Diskrepanzen zwischen der beruflichen Realität und individuellen Erwartungen stören dann immer wieder die Beziehung zwischen Individuum und Organisation.

Zahlreiche soziale Dienstleistungsunternehmen verfügen über hochqualifizierte, oftmals akademisch ausgebildete Mitarbeiter. Aufgrund einer geringen Größe der Einrichtungen und der damit begrenzten Anzahl von Leitungs- und Führungspositionen oder einer sich bei organisatorischen Verschlankungsstrategien reduzierenden Menge von Karrierepositionen, bestehen oftmals nur wenige Möglichkeiten des beruflichen Aufstiegs. Diese Umstand führt bei gleichzeitig erfolgender gesellschaftlichen Wertschätzung von Karriere und des mit ihr einhergenden Macht- und Prestigezuwachses sowie entsprechender Einkommensverbesserungen, zu Unzufriedenheit und Demotivation bei den Mitarbeitern, die an einer aufwärtsorientierten beruflichen Entwicklung interessiert sind, aber „nicht zum Zuge kommen" können. Innere Kündigung macht sich dann in den Nonprofit-Organisationen umso mehr breit, wenn diese Mitarbeiter die übergeordneten Leitungs- und Führungskräfte als weniger qualifiziert und kompetent erleben, als sie sich selbst unter Fähigkeitsgesichtspunkten wahrnehmen.

4.2.3 Fehlende Selbstsicherheit

In Bezug auf die Innere Kündigung kommt auch verschiedenen Persönlichkeitsmerkmalen eines Mitarbeiters eine besondere Bedeutung zu. Faller (vgl. Faller 1993: 228f.) geht bei seiner Betrachtung des Ursachensystems Innerer Kündigung davon aus, dass Personen mit hoher Selbstsicherheit sowie Eigenständigkeit bei Diskrepanzen zwischen organisationalen Gegebenheiten und individuellen Ansprüchen tendenziell eine höhere Situationskontrolle wahrnehmen und wahrscheinlich eher mit Widerspruch oder Abwanderung reagieren. Hingegen würden eine geringe Selbstsicherheit und unzureichende persönliche Autonomie Innere Kündigung begünstigen. Ähnliches meinen Krystek, Becherer, Deichelmann (vgl. 1995: 70), wenn sie Innere Kündigung mit einem labilen Selbstwertgefühl, welches in überstarkem Maße von der Bestätigung durch andere mittels Aufmerksamkeit, Zuwendung, Wertschätzung und Anerkennung abhängig ist, in

Verbindung setzen und aufgrund der mangelnden Fähigkeit, sich selbst zu be-
lohnen oder zu bestätigen, eine drastische Selbstabwertung bei Frustrationen und
Misserfolgen als sehr wahrscheinlich einstufen.

Ferner besteht wohl auch ein Zusammenhang zwischen der Fähigkeit zur
Selbststeuerung und der Inneren Kündigung. Auf Kuhl (2000) geht die Unterscheidung von Handlungs- und Lageorientierung als Verhaltensdispositionen zurück. Lageorientierte Menschen „neigen bei frustrierenden Arbeitsbedingungen
weniger dazu, die Situation aktiv zu verändern. Vielmehr verharren sie in der
Analyse der unbefriedigenden Situation und sind emotional blockiert" (Brink-
mann, Stapf 2001: 691), leiden lieber, als ihre Demotivation konkret und eigenverantwortlich anzugehen. Dagegen reduzieren handlungsorientierte Mitarbeiter
nicht ihre individuellen Ansprüche an die Arbeitssituation, sondern versuchen
initiativ, durch zielgerichtetes Verhalten im Unternehmen sowie im eigenen Arbeitsbereich Einfluss zu nehmen, um die Ursachen ihrer Unzufriedenheit und
Demotivation zu beseitigen. Wenn ihnen dieses nach wiederholten Anstrengun-
gen nicht gelingt, vollziehen sie – statt den Weg in die Innere Kündigung zu gehen – die äußere Kündigung.

5. Handhabung der Inneren Kündigung

Kein soziales Dienstleistungsunternehmen kann es sich erlauben, wertvolles
Leistungspotential wirkungslos verpuffen zu lassen. Die Frage „Was ist zu tun?"
lässt sich jedoch nicht so einfach beantworten. Zum einen gibt es aufgrund unter-
schiedlicher Rahmenbedingungen sowie spezieller Gestaltungsmerkmale jeder
Einrichtung kein universell einsetzbares Instrumentarium zur Überwindung der
Inneren Kündigung. Zum anderen steht die Formulierung von Handlungsempf-
fehlungen vor einem Dilemma (vgl. von Massenbach 2001: 229). Solche Emp-
fehlungen richten sich tendenziell an die Leitung und die Führungskräfte eines
Organisation und suggerieren, Innere Kündigung als Problem mechanistisch von
oben lösen und für eine Remotivation der Mitarbeiter sorgen zu können. Dies
gerät jedoch leicht zu einer gefährlichen Gratwanderung, besonders wenn rezept-
artige Lösungsvorschläge allein auf eine Motivationsverbesserung abzielen, ohne
angemessen auf organisationsspezifische Ursachen und Wirkungen der Inneren
Kündigung einzugehen. Vor allem darf nicht der Umstand unterschätzt werden,
dass es die Führungskräfte einer Einrichtung sind, die entscheidend die Organisationsstruktur, Führungskultur sowie Steuerungssysteme prägen und gestalten.
Gewöhnlich wissen innerlich gekündigte Mitarbeiter sehr genau, welche Personen die „Hauptverantwortung" für die unbefriedigende Arbeitssituation und
-atmosphäre tragen, und erkennen enorm schnell, wenn „ein Bock zum Gärtner
gemacht" wird.

In den meisten Nonprofit-Organisationen existieren bislang keine gezielten Impulse zum Umgang mit dem Phänomen der Inneren Kündigung. Das Beste ist natürlich, Innere Kündigung nicht erst entstehen zu lassen und in präventiver Weise systematisch die Wahrscheinlichkeit des Auftretens Innerer Kündigung zu verringern bzw. das Fortschreiten und die Ausweitung von Demotivation einzudämmen. Dazu gilt es, nach Möglichkeiten der Intervention zu suchen, um relativ eindeutige Problemursachen zu bewältigen und betroffenen Mitarbeitern zu helfen, Wege aus der Inneren Kündigung zu finden und sich wieder engagiert im Arbeitsalltag und im Beruf einzubringen.

5.1 Umgehen mit Innerer Kündigung auf der organisationalen Ebene

Wenn eine Nonprofit-Organisation der Inneren Kündigung entgegentreten will, muss sie sich darüber klar werden, was das hinsichtlich der Veränderung von Organisationsstrukturen, des Wandels der Führungskultur, der Modifikation von Steuerungssystemen und Arbeitsprozessen sowie der Neuausrichtung eines Leitbildes bedeutet. Zwar funktionieren Hierarchiebewusstsein, bürokratische Regelungen und Kontrollverfahren, wenn sich Mitarbeiter diesen Mechanismen bereitwillig unterwerfen. Qualifiziertes und motiviertes Personal strebt jedoch zunehmend, auch in bislang traditionell strukturierten Einrichtungen, nach Möglichkeiten der persönlichen Entfaltung und Selbstbestimmung.

Eine Organisation mit geringer Strukturregelung, die wenig bürokratisch ist und das Arbeitsgeschehen stärker der Eigeninitiative und Selbststeuerung der Mitarbeiter überlässt, verlangt von den Führungskräften, einige Teile ihrer bisher „heiligen Ordnung" zu opfern und den Mitarbeitern Gelegenheit zur Selbstführung zu geben. Der Einschätzung von Massenbachs (vgl. 2001: 230) folgend brauchen Leitungsinstanzen, die sich gegen Innere Kündigung der Mitarbeiter stellen will, die Bereitschaft, mehr Risiko zu tragen und Kontrolle abzugeben, um durch die Gestaltung von Entscheidungsspielräumen Freiheitsgrade zu schaffen, durch die die Mitarbeiter Eigenverantwortung ausüben können. Statt auf Fremdsteuerung ausgerichteten Managementkonzepten zu vertrauen, wäre – um Innere Kündigung als „self fulfilling prophecy" zu vermeiden – mehr Zutrauen in die Mitarbeiter zu setzen und bei der Auswahl sowie Entwicklung der Mitarbeiter Anforderungsmerkmale wie Eigeninitiative, Autonomiestreben und Selbstregulation in den Vordergrund zu rücken.

Eng mit der Flexibilisierung der Organisationsstruktur und der Schaffung einer Vertrauenskultur verbunden ist die Frage nach einem adäquaten Führungsverhalten (vgl. Löhnert 1990: 247ff.). Es reicht nicht aus, Prinzipien einer vertrauensbasierten Führung und Zusammenarbeit in Leitbilder aufzunehmen. Vielmehr kommt es auf eine kritische Selbstreflexion der Führungskräfte an,

verbunden mit dem Bestreben, im Arbeitsalltag einen kooperativen Führungsstil
zu praktizieren. Ein kooperatives Führungskonzept eignet sich aufgrund seiner
hohen prosozialen Ausrichtung in besonderer Weise zur Vermeidung von Demotivation (vgl. Wunderer, Küpers 2003: 429ff.).

Im Rahmen eines präventiven Umgehens mit Innerer Kündigung kommt –
wie die zuvor erörterten Lösungsansätze bereits zu erkennen geben – einer mit-
arbeiterorientierten und persönlichkeitsfördernden Arbeitsgestaltung eine große
Bedeutung zu (vgl. Löhnert 1990: 243 und von Massenbach 2001: 232). Einen
zentralen Einfluss auf die Zufriedenheit mit der individuellen Arbeitssituation
und dem Arbeitsumfeld haben Gestaltungs- und Handlungsfreiräume. Wunde-
rer/Küpers (vgl. 2003: 295) sprechen in diesem Zusammenhang die Relevanz
eines „Unterlassungsmanagements" an. Gemeint ist damit das bewusste Nicht-
stören von Mitarbeitern durch Führungskräfte, im Sinne eines Lassens und sich
Heraushaltens.

5.2 Bewältigung von Innerer Kündigung auf der personalen Ebene

Betroffene Mitarbeiter kehren häufig aus der Inneren Kündigung zurück, wenn
sich ihre Arbeitssituation und die Bedingungen für ihre Tätigkeit positiv verändern. Die Bereitschaft dazu differiert jedoch vermutlich in Abhängigkeit von der
Stabilität und Dauer der Demotivation sowie vom „psychologischen Gewinn",
der mit der Inneren Kündigung einhergehen kann und Rationalisierungen wie
beispielsweise „Rache tut gut" oder „Es gibt auch ein Leben außerhalb der Arbeit" entspringt.

Ist erkennbar, dass die Innere Kündigung in ursächlich starkem Zusammenhang mit der persönlichen Disposition steht bzw. sich auf der Individualebene
verfestigt, bieten sich Supervision (vgl. Pühl 2009) und Coaching (vgl. Greif
2008) als zweckmäßige Beratungsformen an. Sie ermöglichen unter Berücksichtigung der determinierenden Rahmenbedingungen eine Reflexion der demotiva-
tionsspezifischen Problemstellungen, insbesondere der persönlichen Denk- und
Verhaltensmuster in belastenden Situationen.

Der Nutzen der Supervision liegt vor allem in einer verbesserten Selbsteinschätzung der eigenen Person; indem sie dem Teilnehmer hilft, neue bzw. erweiterte Sichtweisen zu erschließen, sorgt sie für mehr Handlungssicherheit. Coaching versucht darüber hinaus, eine Unterstützung bei demotivierend wirkenden
Konflikten zu bieten und Prozesse der Selbststeuerung zu initiieren (vgl. Wunderer, Küpers 2003: 393ff. und 402ff.). Wichtig ist es in jedem Fall, dass die Beratung von externen Supervisoren bzw. Coaches – und nicht von Führungskräften
oder eigenen Spezialisten der Organisation – durchgeführt wird, weil nur sie für

einen neutralen Problemzugang offen sind und die Vielschichtigkeit der Inneren Kündigung mit erforderlicher professioneller Distanz angehen können.

6. Schlussbemerkung

Mit der in diesem Beitrag vorgenommenen Analyse von Ursachen der Inneren Kündigung und den Vorschlägen zu deren Handhabung wurden zahlreiche Ansatzpunkte zur Vermeidung bzw. Bekämpfung dieses Phänomens aufgezeigt. Ein widerspruchsfreies soziales Dienstleistungsunternehmen mit einer optimalen Organisationsstruktur, einer konfliktfreien Führungskultur, methodisch einwandfreien und aufeinander abgestimmten Steuerungsinstrumenten gibt es nicht. Trotzdem sollten sich Leitung, Führungskräfte und Mitarbeiter gemeinsam auf den Weg machen, nach strukturellen und interaktionellen Verbesserungschancen zu suchen, und sich bemühen, durch einen offenen, konstruktiven Umgang mit demotivierenden Einflüssen und resignativen Tendenzen Innere Kündigung vermeiden zu helfen. Weil es sich lohnt, für die Mitarbeiter und – da diese eine Einrichtung ausmachen – auch für die jeweilige Organisation. Denn menschliche Arbeit ist weiterhin die maßgebliche produktive und wertschöpfende Kraft. Technische und finanzielle Ressourcen alleine sind sinnlos, ihr Nutzen ergibt sich erst aus menschlichem Tun.

Literatur

Greif, S.: Coaching und ergebnisorientierte Selbstreflexion. Hogrefe Verlag, Göttingen 2008.

Hablützel, P.: Innere Kündigung aus der Sicht eines Personalverantwortlichen in der öffentlichen Verwaltung. In: Hilb, M. (Hrsg.): Innere Kündigung und Lösungsansätze. Verlag Industrielle Organisation, Zürich 1992, S. 31-36.

Hilb, M.: Ursachen – Folgen – Lösungsansätze. In: Hilb, M. (Hrsg.): Innere Kündigung und Lösungsansätze. Zürich 1992, S. 87-97.

Faller, M.: Innere Kündigung. Ursachen und Folgen. 2. Aufl., R. Hampp Verlag, München und Mering 1993.

Fisch, J. H.: Innere Kündigung als Folge einer sich selbsterfüllenden Prophezeiung – Wenn Stewards mit Agents verwechselt werden. In: Zeitschrift für Personalforschung, Heft 2, 2003, S. 215-223.

Flammer, A.: Erfahrung der eigenen Wirksamkeit. Einführung in die Psychologie der Kontrollmeinung. Huber Verlag, Bern 1990.

Frey, B. S.: Markt und Motivation. Wie ökonomische Anreize die (Arbeits-) Moral verdrängen. Vahlen Verlag, München 1997.

Kohn, A.: Punished by rewards. The trouble with gold stars, incentive plans, A's, praise and other bribes. Houghton Mifflin, Boston 1993.

Krystek, U./Becherer, D./Deichelmann, K.-H.: Innere Kündigung. Ursachen, Wirkungen und Lösungsansätze auf Basis einer empirischen Untersuchung. 2. Aufl., R. Hampp Verlag, München und Mering 1995.

Kühl, S.: Das Regenmacher-Phänomen. Widersprüche und Aberglaube im Konzept der lernenden Organisation. Campus Verlag, Frankfurt am Main 2000.

Kühl, S.: Sisyphos im Management. Die vergebliche Suche nach der optimalen Organisationsstruktur. Wiley-VHC, Weinheim 2002.

Kuhl, J.: Handlungs- und Lageorientierung. In: Sarges, W. (Hrsg.): Managementdiagnostik. 3. Aufl., Hogrefe Verlag, Göttingen 2000, S. 303-316.

Löhnert, W.: Innere Kündigung. Eine Analyse aus wirtschaftspsychologischer Perspektive. Peter Lang Verlag, Frankfurt am Main 1990.

Massenbach, K. von: Die Innere Kündigung zwischen Burnout und Hilflosigkeit. 2. Aufl., Verlag Orgalife, Zürich 2001.

Nachbagauer, A./Riedl, G.: Innere Kündigung. Leistungszurückhaltung zwischen individueller Motivationsblockade und organisatorischer Normsetzung. In: Zeitschrift Führung und Organisation, Heft 1, 1999, S. 10-15.

Pühl, H. (Hrsg.): Supervision und Organisationsentwicklung. 3. Aufl., VS Verlag für Sozialwissenschaften, Opladen 2009.

Richter, G.: Innere Kündigung. Modellentwicklung und empirische Befunde aus einer Untersuchung im Bereich der öffentlichen Verwaltung. In: Zeitschrift für Personalforschung, Heft 2, 1999, S. 113-138.

Schein, E.: Organisationspsychologie. Gabler Verlag, Wiesbaden 1980.

Schmidbauer, W.: Das Helfersyndrom. Hilfe für Helfer. Rororo Verlag, Reinbek bei Hamburg, 2007.

Schmitz, E./Gayler, B./Jehle, P.: Gütekriterien und Strukturanalyse zur Inneren Kündigung. In: Zeitschrift für Personalforschung, Heft 1, 2002, S. 39-61.

Seligman, M. E. P.: Helplessness. W. H. Freeman, San Francisco 1975 (Deutsche Ausgabe: Erlernte Hilflosigkeit, Verlag Urban und Schwarzenberg, München 1979).

Söldner, A.: Leistungsorientierte Vergütung in Non-Profit-Organisationen. In: Heimbrock, K. J. (Hrsg.): Jahrbuch Management 2009. Shaker Verlag, Aachen 2009, S.11-35.

Sprenger, R. K.: Aufstand des Individuums. Warum wir Führung komplett neu denken müssen. Campus Verlag, Frankfurt am Main 2000.

Tisdale, T.: Selbstreflexion, Bewußtsein und Handlungsregulation. Psychologie Verlags Union, Weinheim 1998.

Weibler, J.: Vertrauen und Führung. In: Klimecki, R./Remer, A. (Hrsg.): Personal als Strategie. Luchterhand Verlag, Neuwied 1997, S. 107-121.

Wilken, U. (Hrsg.): Soziale Arbeit zwischen Ethik und Ökonomie. Lambertus Verlag, Freiburg im Breisgau 2000.

Wunderer, R./Küpers, W.: Demotivation – Remotivation. Wie Leistungspotentiale blockiert und reaktiviert werden. Luchterhand Verlag, Neuwied 2003.

4.3 Praxisbeitrag zur Psychohygiene
Psychohygiene von Sozial-Arbeitenden
(Marion Tacke)

Mit diesen Ausführungen soll psychohygienisches Denken und Handeln umfassend für den Beruf der Sozial-Arbeitenden verankert werden. Der Non-Profit-Bereich umfasst Beschäftigungsverhältnisse im Sozial-, Gesundheits- und Bildungswesen. So wird Sozialarbeit in Einrichtungen geleistet, wie z.b. heilpädagogischen, psychiatrischen und Altenhilfe-Einrichtungen, im Krankenhaus, in Kirchen, Schulen, Beratungsstellen und Krankenhäusern, in der Telefonseelsorge und der Erwachsenenbildung. Im Rahmen dieses Artikels ist es nicht möglich, auf die Vielzahl sozialer Berufsbilder mit entsprechenden Beratungsspezifika einzugehen. So wird vorerst auf die Notwendigkeit der Psychohygiene selbst, sodann auf Hintergründe und Zielsetzungen eingegangen, um sich dann der Umsetzung durch Supervision und Fortbildungen mit dem Schwerpunkt der Ressourcen-Orientierung zuwenden zu können.

Notwendigkeit von Psychohygiene
Die Beschäftigung mit der Psychohygiene findet in der Bundesrepublik Deutschland insbesondere seit den 1980-er Jahren hohe Beachtung (vgl. z.B. Becker 1982, Fengler 2008). Anteile verschiedener Fachgebiete der Psychologie, Pädagogik und Medizin kommen hierbei zum Tragen. Das Arbeiten am eigenen Wohlbefinden und im berufsspezifischen sozialen Feld dient der Rollenbewältigung und ist eine präventive und stärkende Maßnahme zum psychischen und physischen Gesundheitsschutz. Verschiedene Untersuchungen legen Zeugnis darüber ab, dass insbesondere die Individuen, die soziale Berufe wählen und ausüben, über hohe eigene Ansprüche mit enormer Verausgabungsbereitschaft verfügen sowie hohe Empathiewerte haben und starke Leidensfähigkeit zeigen. Gehen die in sozialen Berufen Arbeitenden dauerhaft über ihre physischen und psychischen Grenzen hinaus, so können reduzierte Erholungszeiten zu emotionaler Erschöpfung und damit zu verminderter Leistungsfähigkeit führen. Gesundheitspsychologisches Denken und Handeln sollte heutzutage in keiner sozialen Organisation fehlen. Hierzu gehört es, in Institutionen Seminarangebote zur Psychohygiene für die Beschäftigten bereitzuhalten, die zum physischen, psychischen und sozialen Wohlbefinden beitragen.

Im Bereich der Psychohygiene erweist es sich als konstruktiv, vor allem das selbstwirksame Verhalten von Individuen zu stärken. Hierbei geht es um die Überzeugung, eigene Fähigkeiten wahrzunehmen, um bestimmte Handlungen bewusst ausführen zu können, die gesundheitsförderlich wirken. Es ist zu bedenken, dass auch die Art und Weise, wie die Einzelnen Problemsituationen, d.h.

stressbehaftete Ereignisse ihres Arbeitsalltages erklären, stets mit berücksichtigt
werden sollte. Individuen, die sich selbst in höherem Maße zutrauen, Einfluss
auf potenzielle Stressoren nehmen zu wollen, aktivieren eher Bewältigungsstra-
tegien zur Überwindung von Belastungen. Dazu gehört: Das Erlernen selbst-
reflektierenden und selbst-sicheren Verhaltens, das Stärken und Erhalten von
Arbeitsmotivation und -fähigkeit, das Erkennen und Relativieren zwischenmenschlicher Konflikte, das Vorbeugen bei drohender Berufsmüdigkeit sowie das
Abgrenzen-Können von Berufs- und Privatleben. Die Ausübung eines sozialen
Berufes fordert von den Mitarbeitenden hohe interaktive und kommunikative
Fähig- und Fertigkeiten. Dabei kommt es zur Reflexion gesellschaftlicher, insti-
tutioneller und individueller Aspekte.

Psychohygiene-Seminare sollten deshalb bereits in der Ausbildung zu unterschiedlichen sozialen Berufen angeboten werden. Eine berufsbegleitende
Stärkung in den Organisationsstrukturen von Kollegien und Teams ist schon weit
verbreitet.

Hintergründe und Zielsetzungen
Der im Jahr 1974 von dem amerikanischen Psychoanalytiker Freudenberger ge-
prägte Begriff des Burnout wurde in den deutschen Sprachraum übernommen
und erfuhr eine Anwendung auf Angehörige pflegerischer, sozialer und pädago-
gischer Berufe. Es besteht die Gefahr der Emotionalisierung der Arbeit im sozialen Sektor. So entwickeln Angehörige der helfenden Berufe oft im Laufe ihrer
langjährigen einsatzintensiven Arbeit überzogene persönliche Anspruchshaltungen. Hiermit sind oft Wünsch nach Anerkennung, mitmenschlicher Beziehung
und Selbstverwirklichung verknüpft. Neben dem Vorteil großer beruflicher
Kompetenz besteht hierbei jedoch die Gefahr, dass Grenzziehungen zwischen
Privatem und Beruflichem nicht mehr klar erkennbar sind. Dadurch kann es zu
Überlastungen und krisenhaftem Geschehen kommen. Beispielsweise haben
Pflegeschüler und -schülerinnen in ihrem Berufsalltag mit einem hohen Belas-
tungsmaß und einer Vielzahl von Beanspruchungen zu tun. Denn es handelt sich
um den Umgang mit alten und kranken Menschen in einem Schichtdienstbetrieb,
der immer stärker mit administrativen Aufgaben durchsetzt wird. Neben dem
hohen kommunikativen Einsatz Sozial-Arbeitender gilt es, bei den aktuellen gesellschaftlichen Wandlungsprozessen zu bedenken, dass soziale Organisationen
durch Einsparmaßnahmen und die Nutzung von Synergieeffekten komplexer und
straffer organisiert werden als noch vor zehn Jahren. Diese Entwicklung führt bei
den Mitarbeitenden zu zusätzlichen Belastungen. Es lässt sich oft beobachten,
wie Effizienz und Wirksamkeit den beruflichen Alltag (v.a. die Durchführung
von Projekten) richtungsweisend prägen.

In den pflegenden und helfenden Berufen arbeiten in der überwiegenden Anzahl Frauen. Da in unserer westlichen Welt Frauen von Erschöpfungssyndromen und psychischen Erkrankungen häufiger betroffen sind als männliche Kollegen, ist es unumgänglich, in die gesundheitsförderliche Psychohygiene-Arbeit auch Aspekte einzubeziehen, die insbesondere für berufstätige Mütter bedeutsam sind. Hierfür ist von Arbeitgeberseite für eine flexible, familienfreundliche Arbeitszeitgestaltung, in größeren Institutionen für die Bereitstellung einer integrierten Kindertagesstätte zu sorgen und nicht zur Disqualifizierung von Teilzeitbeschäftigten beizutragen. Befinden sich berufstätige Frauen im mittleren Erwachsenenalter, so stellen sich de facto im familiären Bereich noch zusätzliche Herausforderungen, die beispielsweise mit dem Kümmern um pflegebedürftige ältere Angehörige verbunden sein können. Dieser Umstand fordert neben dem sozial-ausgeübten Beruf eine Fortsetzung des emotional-aufwändigen Einsatzes und kann zur Überforderung des weiblichen Geschlechts führen.

Ein weiterer Hintergrund dafür, sich der Psychohygiene zuzuwenden, wird durch den Umstand gebildet, dass die Mitarbeitenden in Non-Profit-Berufen weniger verdienen als diejenigen in Profit-Berufen. Mit einer geringeren Bezahlung ist für viele Menschen eine Geringschätzung ihrer Arbeitskraft verbunden, obwohl sie in sozialen Institutionen auf Grund der ständigen Kommunikationen und Interaktionen mit Anderen in der Regel einer latent höheren Dauerbelastung ausgesetzt sind als Berufstätige der Profit-Berufe.

Aus diesen Hintergründen resultierend lässt sich die Zielsetzung psychohygienischer Verhaltensweisen breit aufzeigen: Dazu gehört es vorab, die Aufgeschlossenheit für geeignete Fort- und Weiterbildungsmaßnahmen in dem eigenen beruflichen Arbeits- und Umfeld zu wecken. Neben dem Erlernen von Gesprächstechniken zur Problembewältigung ist es genauso wichtig, individuelle Entspannungs- bzw. Erholungsmöglichkeiten zu entdecken und zu stärken (sei es das Naturerleben, der künstlerische, musische, sportliche oder handwerkliche Bereich ebenso wie das Erlernen von Entspannungsmethoden).

Am Anfang sollte das frühzeitige Erkennen der bzw. das Reagieren auf beginnende Burnoutsymptome stehen. Hierfür ist es bedeutsam, wenn mit den Mitarbeitenden einer sozialen Institution bei Gesprächen vor allem deren Kompetenzen hervorgehoben und Zielvereinbarungen getroffen werden, Weiterbildungsideen geweckt und Teamentwicklung gefördert sowie Supervision (Coaching) für Teams und Führungskräfte ermöglicht werden. Denn aus idealistischen Vorstellungen zu Berufsbeginn können durch überengagiertes Verhalten Depression, Aggression und Apathie am Ende eines Überforderungsprozesses stehen (vgl. hierzu Bermejo / Muthny 1994, 27). Durch die Stärkung der berufsbezogenen Fähig- und Fertigkeiten sowie das Erlernen und Erproben selbstschätzender und -stärkender Verhaltensweisen sollten die im sozialen Beruf Tätigen sich gegenüber gesundheitlichen Problemen frühzeitig resistent machen.

Entsprechend konkrete Ziele können dann lauten: Stärkung der Team-Fähigkeit, Bewältigung bei Rollenirritationen, Erhöhung des Zutrauens für einen sicheren Umgang mit Belastungen, Entwicklung der Persönlichkeit und Erkennen von Erholungspotenzialen. So gilt es, die Arbeitszufriedenheit zu erhöhen, Kommunikationsabläufe zu verbessern, Arbeitsfähigkeit zu stärken und subjektives Wohlbefinden zu fördern. Die Übertragung selbstverantwortungsvoller Arbeiten sollte ermöglicht werden, damit nicht nur Dienst nach Vorschrift erfolgt, sich eine Schonhaltung bei den Mitarbeitenden oder gar eine innere Kündigung einschleicht, sondern Einsatzfreude im Beruf als lohnend erscheint. Deshalb ist die Förderung sozialer Kompetenzen und die sinngebende, aber auch abgrenzende Gestaltung zwischenmenschlicher Beziehungen in der Organisation sehr wichtig. Zudem gehört das Erlernen und Anwenden von Achtsamkeitsübungen zu psychohygienischem Verhalten dazu, um zu einer höheren Gelassenheit zu finden. Bei der persönlichkeits-unterstützenden Arbeit ist sowohl das Alter und das Geschlecht der Mitarbeitenden zu berücksichtigen als auch die Größe der Institution. Denn mit dem steigenden Alter der Kollegen/innen können beispielsweise geringere Anpassungsfähigkeit, weniger Eigeninitiative, abnehmende Fortbildungsbereitschaft, sinkende Arbeitsproduktivität, häufigere Fehlzeiten durch Erkrankungen zu verzeichnen sein. Jedoch dürfen diese, bei manchen Beschäftigten mit fortgeschrittenem Alter auftretenden Einschränkungen nicht generalisiert werden, denn die Bereitschaft und Fähigkeit, einen sozialen Beruf gewissenhaft auszuführen, hängt u.a. auch mit dem Eintrittsalter in den Beruf zusammen, das biografie-spezifisch unterschiedlich hoch sein kann.

Supervision und Fortbildung

Die Supervision, sprich: berufsbezogene Beratung gehört mittlerweile in vielen Einrichtungen des Sozial- und Gesundheitswesens zur Weiterbildung im Rahmen professionellen Handelns dazu. Für den Bereich der Erziehungsberatung wird sogar nach dem Kinder- und Jugendhilfegesetz Teamreflexion und Supervision berufsbegleitend empfohlen (s. KJHG § 72, Abs. 3).

Die Supervisionsarbeit hat ihren Ursprung in der Balintarbeit. In diesem kollegialen Austausch treffen sich Ärzte und Ärztinnen zu Fallbesprechungen. Sie tauschen sich darüber aus, auf welche Art und Weise mit bestimmten Patient/inne/en umgegangen werden kann. Es handelt sich hierbei um eine berufsbezogene Entlastung. In den 1950-er Jahren wurde die Supervision beispielsweise Ausbildungsbestandteil der Methodenlehre für deutsche Fürsorgerinnen. Supervision unterstützt die Klärung psychosozialer Prozesse und hilft im interaktiven beruflichen Kontext, Arbeitsprozesse zu reflektieren, zu modulieren und zu verbessern. Die Möglichkeiten, Supervision in Anspruch zu nehmen, sind viel-fältig und reichen von der Einzel- über die Gruppen-, Team- und Organisations-beratung bis hin zur Intervision (hierunter wird die Beratung auf gleicher berufs-spezifischer Ebene untereinander verstanden). Die Beratungsansätze der Super-vision basieren auf verschiedenen psychologischen Schulen. Das Vorgehen des Supervisors / der Supervisorin richtet sich nach dem zugrunde liegenden psycho-logischen Konzept, wie z.b. gesprächspsycho-therapeutisch, verhaltenstherapeu-tisch, gestalttherapeutisch, analytisch, individual-psychologisch. Das konkrete Vorgehen individualpsychologisch-angeleiteter Supervision lässt sich z.B. bei Tacke (2003) ersehen.

Fallner (1997, 163) misst der Supervision eine Kompetenzerweiterung auf mindestens vier Ebenen zu: hierzu gehört neben der Arbeits- und Beziehungsge-staltung auch die personale, die strukturelle und die instrumentelle Entfaltung. Zur Arbeits- und Beziehungsgestaltung zählt er Aspekte, wie z.B. die Konflikt-regelung, während es sich bei der personalen Entfaltung um die Beschäftigung mit der eigenen Wirkung im kommunikativen Kontext handelt. Die strukturelle Entfaltung geht auf Positionen, Rollen und Aufgabenbewältigung ein. Bei der instrumentellen Entfaltung handelt es sich vor allem um die Ursachenklärung und das Management berufsbezogener Krisen. Ziel supervisorischer Arbeit sollte demzufolge darin bestehen, Wissen zu vermitteln und praktische Ansatzpunkte für reibungslose Arbeitsabläufe gemeinsam zu ermitteln, um den Arbeitsplatz so zu gestalten, dass er zum Spiegel für innere Absichten wird und die Arbeitskraft soziale und individuelle Unterstützung erfährt. Individuen, die die belastende Wirkung beruflicher Anforderungen im sozialen Bereich wahrnehmen und in ihrer potenziell Burnout fördernden Wirkung erkennen, versetzen sich im Rah-men eines Gesundheitstrainings theoretisch und praktisch in die Lage, das eigene psychische, physische und soziale Wohlbefinden zu erspüren, zu erhöhen, wie-derherzustellen und langfristig zu erhalten. In Supervisionsprozessen lassen sich neue Handlungsmuster für belastende Situationen am Arbeitsplatz – unter Be-rücksichtigung individueller und sozialer Kompetenzen – durchdenken, erproben und modifizieren. Es kann hierbei sowohl um Weiterqualifizierung derer gehen, die sich beraten lassen, als auch um das Erlernen von Konfliktlösestrategien für den berufsspezifischen Umgang mit dem Klientel und für den kollegialen Um-gang miteinander sowie mit Vorgesetzten.

Wenn sich Teams ebenenübergreifend supervidieren lassen, so spielen ne-ben den Themen der Führung und Motivation Aspekte, wie die Anerkennung persönlicher Fähigkeiten, das Wertschätzen selbstbestimmter Arbeitsweisen, die Berücksichtigung der Bedürfnisse von Mitarbeiter/inne/n, die Beachtung ethi-scher Regeln, keine Benachteiligungen wegen des Geschlechts, Alters oder Mi-grationshintergrundes eine wesentliche Rolle. Die Kombination dieser Themen in Arbeitsprozessen werden mit dem Begriff „job sculpting" benannt, womit das gemeinsame Entwickeln individueller Tätigkeitskonzepte für und mit den Mitarbeiter/inne/n gemeint ist. Dabei geht es um den richtigen Einsatz ihrer Stärken und um die Förderung von Talenten. Beides ist für gemeinschaftsstiftende Abläufe in der sozialen Institution aktuell und perspektivisch hilfreich.

In Bezug auf die berufliche und persönliche Zukunft kann es helfen, zuerst visionäre Ziele in der Supervision zu benennen, um diese mit der Gruppe auf realitätsangemessenes, erreichbares Verhalten herunter zu brechen.

Sozial-Arbeitende können sich mit Hilfe von Supervision ein professionelles Verhältnis ihrem Klientel gegenüber verschaffen, also eine „Entprivatisierung von Beziehungen" herstellen. Durch Supervision können Entlastungen erreicht werden: z.B. für Polizeibeamte und -beamtinnen, bei denen sich Aggressionen angestaut haben, wenn sie mit Missbrauchsfällen bei Kindern betraut sind. Es können auch Gemeindepfarrer und -pfarrerinnen, die in Überforderungssituationen und Rollenüberlastungen geraten, weil sie nicht nur Taufen, Konfirmationsunterricht, Gottesdienste zu bewerkstelligen haben, sondern auch noch für Hausbesuche, Kindergartenaufsicht zuständig sind und den Erfordernissen eines Jugendzentrums oder den Verwaltungsarbeiten im Gemeindebüro nachzukommen haben.

Beispiel: Nach zwölf anstrengenden Jahren in einer Jugendwohngruppe beschließt eine Sozialarbeiterin nach zusätzlich abgeschlossener Heilpraktikerinnen-Ausbildung, sich in einer freien Praxis niederzulassen. Sie meint, jetzt in der Selbstständigkeit „alle Fäden selbst in der Hand zu haben", sieht sich jedoch mit vielen ungewohnten und neuen Tätigkeiten umgeben: Terminorganisation, Planung von Verwaltungsaktivitäten, Bestellwesen für Praxis-Materialien, ständige Wahrnehmung des Spagats zwischen dem eigenen Anspruch, naturheilkundlich helfen zu wollen und der Einsicht, dass viele Hilfesuchende nur das Bedürfnis haben, sich einer neutralen Gesprächspartnerin anzuvertrauen. Der Besuch der heilkundlichen Praxis stellt dann für die Ratsuchenden einen Kontakt zur Außenwelt dar. Hier kann es hilfreich sein, wenn diese Frau eine Einzel-Supervision in Anspruch nimmt, um ihre neuen Aufgabenkomplexe zu klären. Zudem kann sie Mitglied in Fachgesellschaften werden, von denen sie sich vertreten fühlt. Sie kann sich dadurch neben den engen arbeitsplatz-spezifischen Netzwerken auch überregionalen kollegialen Austausch sichern und die Unterstützung durch Gleichgesinnte verschaffen.

Ressourcen-Orientierung

Die Breite der obigen Überlegungen unterstreicht die Notwendigkeit ressourcenorientierten Arbeitens. Nach Nestmann und Engel (2002) kann das, was in einer spezifischen Situation vom Individuum als hilfreich erlebt wird und eine Wertschätzung erfährt, als „Ressource" gesehen werden. Ressourcen erfüllen vielfältige Funktionen. Durch Ressourcen-Orientierung ermöglicht es sich eine Person in einem Handlungsprozess, Intentionen zu entwickeln, Handlungen zu planen, vorzubereiten und gegen Kritik abzuschirmen. Bei Menschen, die bei auftretenden Schwierigkeiten eher eine negative Affektivität zeigen und hilflos erscheinen, ermöglicht die Ressourcen-Orientierung eine Stimulierung positiver Affekte, die für gelingende Problembewältigungen benötigt wird. Wright und Lopez (2005) entwickelten hierfür den Begriff der „mindsets". Hierbei handelt es sich um sozialpsychologische Annahmen der Person, die nachfolgende kognitiv-emotionale Verarbeitung, wie das Wahrnehmen, Denken und Fühlen beeinflussen.

Bei der Ressourcen-Orientierung geht es demnach darum, den Gegenpol zu einer Defizit-Perspektive zu bilden, indem eine Person stärker auf ihre Fähigkeiten schaut. Hierzu gehört es, zur Überwindung von Schwierigkeiten Durchhaltevermögen, Stärke, Einsicht, Intelligenz und Kreativität einzubringen und daraus eine konstruktive – sich selbst und anderen etwas zutrauende – Identität abzuleiten (vgl. Willutzki et. al 2004).

Die Orientierung an Ressourcen schließt beispielsweise auch ein, sich von älteren und / oder erfahrenen Kollegen und Kolleginnen beraten zu lassen. Ebenso gehört die Offenheit gegenüber Supervision und Fortbildung hinzu. Ein Mensch, der nach eigenen Talenten sucht, schafft sich hierdurch Möglichkeiten, die Talente zu aktivieren, Erfolgsprinzipien herauszuarbeiten und diese auf sich neu stellende Problemkomplexe anzuwenden sowie – langfristig gesehen – Lösungen zu generalisieren. Bezug nehmend auf die oben erwähnte weibliche Überrepräsentanz in sozialen Berufen ist auch die feministische Perspektive der Ressourcen-Orientierung zu erwähnen, wie z.B. „empowering women" (s. Ussher 1991; Wyche, Rice 1997). Neben dem psychischen Selbstwert lässt sich auch der physische Selbstwert im Rahmen ressourcen-stärkenden Verhaltens bedenken. Als Entlastungs- oder Erholungsaspekt der individuellen Psychohygiene kann z.B. eine physische Aktivität durch eine bevorzugte Sportart zu Kondition und Stärke beitragen. In einer an Niedersächsischen Schulen flächendeckend durchgeführten Studie konnte nachgewiesen werden, wie stark Erholungsaspekte und internale Denkmuster sich auf das Wohlbefinden von Lehrkräften auswirken. Erholung kann sowohl durch Naturerleben, kulturelle Interessen, sportliche Aktivitäten als auch entlastende Gespräche und andere selbst gewählte Hobbys gestärkt werden (vgl. hierzu Tacke 2007). Zur Selbstregulierung gehört es auch, sich sozialer Unterstützung zu versichern, Distanzierungstechniken zu erlernen und Kreativität auszuleben. Gehen wir mit Reddemann (2001) von der Voraussetzung aus, dass jeder Mensch über individuelle Selbstheilungskräfte, über ein Konzept innerer Weisheit verfügt, so lassen sich mit psychohygienischem Arbeiten verschiedene Phasen mehr oder weniger fortgeschrittener Burnout-Prozesse individuell regulieren. Dabei sollten die erlernten psychohygienischen Maßnahmen für Sozial-Arbeitende sowohl in berufsbezogenen Zusammenhängen als auch bei der persönlichen Zeitplanung hilfreich sein (vgl. z.B. Jaeggi 2004). Professionelle Psychohygiene wirkt hierbei initiierend, modifizierend und stabilisierend.

Literatur

Becker, P. (1982). Psychologie der seelischen Gesundheit 1. Göttingen.

Belardi, N. (2009). Supervision. Grundlagen, Techniken, Perspektiven. München.

Bermejo, J. / Muthny, F.A. (1994). „Burnout" und Bedarf an psychosozialer Fortbildung und Supervision in der Altenpflege. Münster.

Burisch, M. (2006). Das Burnout-Syndrom. Theorie der inneren Erschöpfung. Berlin.

Fallner, H. (1997). Kompetenz – Entfaltung in der Lehrsupervision. In: Eckhardt, U. / Richter, K. / Schulte, H. System Lehrsupervision. Aachen.

Fengler, J. (2008). Helfen macht müde. Stuttgart.

Freudenberger, H.J. (1974). Staff burnout. In: Journal of Social Issues, 30, 159-165.

Jaeggi, E. (2004). Und wer therapiert die Therapeuten? München.

KJHG (8. September 2005). Kinder- und Jugendhilfegesetz. Sozialgesetzbuch SGB. 8. Buch. – Kinder- und Jugendhilfe. München.

Nestmann, F. / Engel, F. (Hg.) (2002). Die Zukunft der Beratung. Tübingen.

Reddemann, L. (2001). Imagination als heilsame Kraft. Zur Behandlung von Traumafolgen mit ressourcenorientierten Verfahren. Stuttgart.

Tacke, M. (2003) . Individualpsychologische Gruppensupervision mit Lehrer/inne/n. In: Organisationsberatung. Supervision. Coaching. Leverkusen, 10 (2), 169-176.

Tacke, M. (2007). Gesundheitsbezogene Kontrollüberzeugungen und Erholungs-Sichtweisen von Lehrkräften – im Rahmen Belastungsrelevanter Anforderungsbewältigung. Eine empirische Untersuchung an verschiedenen Schulformen zur Unterstützung der Gesunden Schule. Habilitationsschrift. Hannover.

Ussher, J.M. (1991). Women's madness: Misogyny or mental illness? New York: Harvester Wheatsheaf.

Willutzki, U. (2000). Ressourcenorientierung in der Psychotherapie. Eine „neue" Perspektive? In: Hermer, M. (Hg.). Psychotherapeutische Perspektiven am Beginn des 21. Jahrhunderts. Tübingen, 193-212.

Willutzki, U. / Haas, H. / Neumann, B. / Koban, C. / Schulte, D. (2004). Zur Psychotherapie sozialer Ängste. In: Zeitschrift für Klinische Psychologie und Psychotherapie, 33, 42-50.

Windemut, D. / Schwer, R. / Schmidt, B. / Bongers, A. (1996). Psychohygiene während der Alten- und Krankenpflegeausbildung. Weinheim.

Wright, B.A. / Lopez, S.J. (2005). Widening the diagnostic focus: A case for including human strengths and environmental resources. In: Snyder, C.R. / Lopez, S.J. (Eds.). Handbook of Positive Psychology. Oxford, 26-44.

Wyche, K.F. / Rice, J.K. (1997). Feminist therapy: From dialogue to tenents. In: Worell, J. / Johnson, N.G. (Eds.). Shaping the future of feminist psychology. Washington: APA, 57-72.

4.4 Praxisinterview zur Organisation und Gesundheit

Frage: „Können Sie kurz Ihre Einrichtung beschreiben?"

Antwort: „Die Hildesheimer AIDS-Hilfe e.V. ist ein gemeinnütziger Verein, dessen Ziel es ist, der Ausbreitung von HIV und AIDS entgegenzu-wirken und infizierte und erkrankte Menschen zu beraten und zu be-treuen. Zu diesem Zweck arbeiten drei hauptamtliche (Sozial-) Päda-gogInnen und durchschnittlich zehn Ehrenamtliche in den Bereichen Prävention, Beratung und Betreuung. „

Frage: „Können Sie die Organisationsstruktur in Ihrer Einrichtung beschrei-ben? Welche wichtigen Stichworte kennzeichnen sie?"

Antwort: „In unserem Verein ist die Mitgliederversammlung das oberste Gre-mium. Die Mitglieder wählen einen ehrenamtlich tätigen Beirat (3-5 Personen). Der Beirat stellt den geschäftsführenden Vorstand ein, steht diesem aber lediglich beratend zur Seite, ist also nicht weisungsbefugt. Der geschäftsführende Vorstand, – das bin ich – stellt die weiteren MitarbeiterInnen ein und ist ihnen gegenüber weisungsbefugt."

Frage: „Welche Bedeutung hat der Begriff der Gesundheit in Ihrer Einrich-tung in Bezug auf Ihre Mitarbeitenden? Gibt es aus dem Personalma-nagement Instrumente, die Sie als hilfreich einschätzen? „

Antwort: „Ich weiß nicht, geht es hier um die Gesundheit zur Erhaltung der Lei-stungsfähigkeit? Dazu fallen mir nur meine arbeitgeberische Fürsorge ein, i.d.S. dass ich ein Auge darauf habe, dass jemand sich nicht zu viel aufhalst, wofür ich bei allen außer mir gut aufpasse und als weiterer Aspekt, die Motivation der Mitarbeitenden zu erhalten und anzuregen. Das kommt glaube ich, bei mir manchmal etwas kurz bzw. sehe ich auch als schwierige Aufgabe an in so einer kleinen Einrichtung, wo die Rollen zwischen „Kollegin" und „Führungskraft" manchmal schwer zu definieren sind. Wer lobt wen? Wer kann „sich leisten", keine Lust zu haben? usw. Natürlich (s.u.) tragen die Rahmenbedingungen unserer Arbeit wenig zur Mitarbeitergesundheit bei."

Frage: „Würden Sie Angebote wie Coaching und Supervision für Mitarbei-tende unterscheiden? Würden Sie eher Coaching oder Supervisionsan-gebote bevorzugen?"

Antwort: „Ich sehe Supervision immer mehr auf das gesamte System bezogen, während ich Coaching als die Unterstützung einer einzelnen Person betrachte. Wir haben gemeinsame Supervisionssitzungen, was ich für manche meiner Aufgaben nicht hilfreich finde. Gerade Rollenkonflikte und -unklarheiten oder z.B. Fragen von Motivation, Sanktionen u.v.m. sind keine Aufgabengebiete, die ich in der großen Runde besprechen möchte. Hier wünsche ich mir Coaching."

Frage: „Was würden Sie sich in Bezug auf eine Verbesserung der Organisationskultur und/oder der Gesundheit von Mitarbeitenden für die Zukunft wünschen?"

Antwort: „Tja, wenn ich das wüsste! Ich bin für jeden Tipp dankbar. Wenn Sie aber auf die äußeren Bedingungen Bezug nehmen, wünsche ich mir natürlich eine ausreichende und sichere Finanzierung unserer AIDS-Hilfe. Die permanente Sorge um die Finanzierung unserer Arbeit macht mürbe, und das „im Dauerlauf Arbeiten", weil wir seit sieben Jahren immer mal wieder Arbeitsstunden kürzen müssen, geht auch an die Substanz der MitarbeiterInnen."

5 Differenzierung des Personals

5.1 Beschäftigungsformen und Differenzierung des Personals

Meist werden mit dem Begriff Personal die hauptamtlichen Arbeitnehmerinnen und Arbeitnehmer assoziiert. Aufgrund der unterschiedlichen Arbeitsformen in Gesundheits- und Sozialorganisationen ist allerdings dieser Begriff zu differenzieren: In Gesundheits- und Sozialorganisationen sind sowohl ArbeitnehmerInnen als auch Nicht-ArbeitnehmerInnen sowie auch zwischen haupt- und nebenberuflich Tätigen tätig (vgl. Goll 1991: 135, Neumann 2004: 3)

Ein Kriterium zur Unterscheidung von ArbeitnehmerInnen und Nicht-ArbeitnehmerInnen ist das Vorliegen bzw. Nichtvorliegen eines rechtlichen Arbeitsvertrags zwischen der mitarbeitenden Person und der Organisation sowie auch der Aspekt der Existenzsicherung. Zwei Kriterien zur Unterscheidung von Haupt- bzw. nebenberuflichen ArbeitnehmerInnen sind die geleistete Stundenzahl sowie auch die Freiwilligkeit der beruflichen Tätigkeit. Der Bereich der nebenberuflichen Arbeitnehmerinnen und Arbeitnehmer wird dadurch charakterisiert, dass hier zuzurechnende Personalgruppen wie Honorarkräfte oder geringfügig Beschäftigte nicht ihrer eigentlichen Hauptbeschäftigung nachgehen bzw. diese Arbeitsleistung keine umfassende Existenzsicherung erlaubt.

Zum Bereich der hauptberuflichen Nicht-Arbeitnehmer gehören u.a. Ordensangehörige, Personen im freiwilligen sozialen Jahr oder Zivildienstleistende. Diese Gruppen stellen einen originären Unterschied zum Profitsektor dar. Diese freiwillig gewählten Dienstformen bestehen hier nicht.

Den nebenberuflichen Nicht-Arbeitnehmern sind die Ehrenamtlichen und Freiwillige zuzuordnen. Merkmale sind die Freiwilligkeit, eine organisatorische Anbindung an eine Institution, die Nebenberuflichkeit und das Fehlen der Absicht, Einkommen erzielen zu wollen. Der Arbeitsleistung steht dabei also kein monetärer Gegenfluss gegenüber, sie ist im ursprünglichen Verständnis unentgeltlich, wobei manchmal Aufwandsentschädigungen gezahlt werden, die selbstverständlich auch – in einer anderen Qualität – eine Anreizwirkung innehaben.

Die Arbeit mit Ehrenamtlichen im Rahmen der Personalarbeit stellt ein wachsendes Aufgabengebiet dar. Der Einbezug des Freiwilligenmanagements als strategische Aufgabe des Personalmanagement wird sich mit Blick auf die verknappenden Ressourcen verstärken (vgl. Siegmund, Hohn 2007: 11ff.).

Im Ansatz des flexibilisierten Ansatzes wird darauf verwiesen, dass auch den verschiedenen Kooperationspartner von Organisationen Aufmerksamkeit zukommen soll (vgl. DGFP 2006: 81). Als Kooperationspartner werden externe Anbieter von Dienstleistungen verstanden, die durch ihre Arbeitsleistung dazu beitragen, dass Arbeitsspitzen aufgefangen oder temporär anfallende Spezialaufgaben wahrgenommen werden. Kooperationspartner können Einzelpersonen, Institutionen oder andere Organisationen sein, die mit dem Personalmanagement in der Regel auf Vertragsbasis in klar definierten Aufgabenstellungen bzw. zur Erreichung eines festgesetzten Ziels zusammenarbeiten.

Gegenwärtig zeichnet sich ab, dass sich die Vorstellung von ‚Personal' verändert. Die überwiegende Ausrichtung des Personalmanagements auf das Normalarbeitsverhältnis wird aufgrund der Flexibilisierungs- und Differenzierungstendenzen der Beschäftigten zunehmend in Frage gestellt.

5.2 Praxisbeitrag zur interprofessionellen Zusammenarbeit
Interprofessionelle Zusammenarbeit in WfbMs
(Marc Fesca)

1. Einleitung

Aufbauend auf persönlichen Erfahrungen in einer WfbM[3] für psychisch behinderte Menschen möchte ich mich in diesem Beitrag mit der dort vorgefundenen, aus meiner Sicht besonderen und die Arbeit prägenden, Interdisziplinarität/ -professionalität beschäftigen. Verkürzt gesagt besteht die Besonderheit in der vorgegebenen Zusammenarbeit der zahlenmäßig größeren Gruppe der Handwerker (o.ä.) und der kleinen Gruppe der Sozialarbeiterinnen in einer Organisation mit auf den ersten Blick zwei konkurrierenden Aufträgen/ Zielsetzungen: Dem Sozialen der beruflichen Bildung und Teilhabe behinderter Menschen und in diesem Zuge dem der Produktion von Gütern und Dienstleistungen.

Bei Literaturrecherchen im Vorfeld der Ausarbeitung habe ich festgestellt, dass zu der Thematik der Interdisziplinarität/-professionalität kaum Arbeiten existieren, zur selbigen in WfbM gar kein Material existiert. Trotzdem halte ich das Thema für bedeutsam genug, um mich dennoch damit zu befassen. Ich werde daher nach einer kurzen Erläuterung der zentralen Begriffe „Team" und „Interdisziplinarität/-professionalität" und der Beschreibung der Organisation versuchen, die beobachteten Besonderheiten und Schwierigkeiten zu umreißen sowie Erklärungsansätze und daran anknüpfend Lösungsvorschläge vorzustellen.

2. Begriffsklärung

Interdisziplinarität, Multiprofessionalität, Interprofessionalität

Besonders im medizinischen Sektor, also auch und gerade im Bereich der Psychiatrie, wird oft auf die interdisziplinäre respektive multiprofessionelle Arbeitsweise hingewiesen. Diese gilt dabei als Qualitätsmerkmal (vgl. Stengele 2005: 3), da sie die ganzheitliche Vorgehensweise verdeutlicht. Sie spiegelt die Bezugnahme auf Theorien, z.B. zur Entstehung von psychischen Erkrankungen, aus verschiedenen Disziplinen wieder und ist im klinischen Bereich durch die Vorschriften zur Personalausstattung in der Psychiatriepersonalverordnung verankert. Hierbei ist allerdings die Verwendung des Begriffes „interdisziplinär" ungenau. Denn „Interdisziplinarität" bezieht sich auf die Zusammenarbeit verschiedener Wissenschaftszweige bei der Lösung eines wissenschaftlichen Problems – der Wissensproduktion (vgl. ebd.: 9). Im klinischen, aber auch im kom-

---

[3] Werkstatt für behinderte Menschen

plementären Bereich der Psychiatrie sind nicht allein verschiedene Disziplinen, sondern unterschiedliche Professionen, also Berufsgruppen, beteiligt. Diese befassen sich vor allem mit der Umsetzung von Problemlösungsstrategien in der Praxis. Aber auch der Begriff der „Multiprofessionalität" ist hierfür unpassend, da er ein Nebeneinander verschiedener Berufsgruppen ohne Austausch bezeichnet. Für die Erreichung eines gemeinsamen Ziels mithilfe des Austausches zwischen den Berufsgruppen ist der Begriff der „Interprofessionalität" zutreffender.

Team

Die Begriffe Team, Arbeitsgruppe sowie der Begriff der Gruppe wurden und werden heute noch oft synonym verwendet. Sie stehen dabei für jede Form effektiver und konfliktarmer Zusammenarbeit unter Kollegen, welche somit eher der Bedeutung der „Kollegialität" gleichgesetzt ist (vgl. Schneider, Knebel 1995: 13). Besonders die Begriffe „Arbeitsgruppe" und „Team" schienen zeitweise keine unterschiedliche Bedeutung zu haben.
    Schneider und Knebel (1995) bieten eine Unterscheidung zwischen den Begriffen Arbeitsgruppe und Team. Demnach ist für sie der Begriff Arbeitsgruppe zunächst eine Mehrzahl von Arbeitskräften, die von der Leitung zu einer arbeitsorganisatorischen Einheit formell gruppiert werden mit dem Ziel, eine ihr übertragene, klar umrissene Aufgabe meistens während einer längeren Zeitspanne in Form der Gruppenarbeit zu erfüllen (vgl. ebd.: 15). Diese Definition lässt jedoch offen, wie genau diese gemeinsame Aufgabe zu erfüllen ist. In Abgrenzung dazu definieren sie den Begriff des Teams als „[...] eine Art innovativer „Vordenkergruppe", ein „Denklabor" [...], jedenfalls eine kleine, überschaubare Gruppe, in der etwas gründlich überlegt, eingehend untersucht, analysierend besprochen und in abstrahierter Form beschlossen wird, und welche – bei vergleichsweise höherem Grad der Selbststeuerung – Tätigkeiten vom Typ Informationsbeschaffung, Informationsverbreitung, Urteilsbildung, Planung und Problemlösung ausübt." (vgl. ebd.: 10f.). In diesem Verständnis ist ein Team als eine Art „Mehr-Personen-Stelle" (ebd.: 11) durch eine starke Kohäsion und inhaltlichen Gleichklang gekennzeichnet. Etwas weniger idealisierend beschreiben sie ein Team auch als „...eine Gruppe von Personen, deren Fähigkeiten einander ergänzen" und denen eine komplexe und diffizile Aufgabe übertragen worden ist, die einzelne kaum lösen können (vgl. ebd.: 11f.).
    Ein Team kann sowohl für eine absehbare Zeit miteinander arbeiten, aber auch als ein dauerhaftes Konstrukt ausgelegt sein, kann innerhalb einer Organisation oder organisationsübergreifend, sowohl national als auch international arbeiten. Zu unterscheiden sind heterogene Teams mit Mitgliedern unterschiedlicher Vorbildung (hierzu zählen interprofessionelle oder interdisziplinäre Teams)

oder homogene Teams, deren Mitglieder über vergleichbare Qualifikation verfügen (a.a.O.).

3. Organisationsspezifische Rahmenbedingungen in einer WfbM

Eine WfbM ist in erster Linie eine Einrichtung zur beruflichen Rehabilitation und zur Teilhabe am Arbeitsleben für Menschen mit Behinderung. Im Unterschied zu vielen anderen Einrichtungen dieser Art ist sie aber gleichzeitig ein am Markt agierender Wirtschaftsbetrieb, der neben den sozialwirtschaftlichen Zielen auch den Absatz von Gütern und Dienstleistungen verfolgt. Die Ziele und Aufgaben der Werkstatt sind im Wesentlichen in § 136 SGB IX vorgegeben. Die dort genannten Ziele begründen allerdings ein komplexes Zielsystem (vgl. Horak u.a. 2002), das in der Praxis durch zum Teil widersprüchlich erscheinende Subziele Schwierigkeiten bereiten kann.

Die sich aus den rechtlichen Grundlagen und aus den Unternehmenszielen abzuleitenden Ziele stellen sich in Anlehnung an die Systematik bei HORAK et. al. (2002: 198ff.) wie folgt dar:

- Das Oberziel (die Mission) ist die Teilhabe seelisch behinderter Menschen am Arbeitsleben und die Normalisierung ihrer Lebensbedingungen.
- Als Subziele sind Leistungswirkungsziele, durch deren Veränderungswirkung das Oberziel unmittelbar erreicht werden soll, Verfahrensziele, die auf die Veränderung der betrieblichen Grundlagen gerichtet sind,
- und Leistungserbringungsziele, die konkrete Aufgaben beinhalten, zu erkennen.

Alle Leistungen sind für den Personenkreis der Menschen mit seelischer Behinderung, die aufgrund der Behinderung nicht, noch nicht oder noch nicht wieder auf dem allgemeinen Arbeitsmarkt arbeiten können, zu erbringen. Für diesen Personenkreis besteht innerhalb der Region eine faktische Aufnahmeverpflichtung.

Die Zusammensetzung der Mitarbeiterschaft in einer WfbM ist durch die organisatorischen Notwendigkeiten, vor allem aber durch die gesetzlichen Vorgaben im SGB IX und der Werkstättenverordnung (WVO) vorgegeben. Der Umfang der verwaltenden Tätigkeiten erfordert den Einsatz von Verwaltungskräften, die über eine Ausbildung in diesem Bereich, nicht aber im pädagogischen oder sozialen Bereich, verfügen. Aufgrund der geringen Größe des Betriebes sind aber auch sie in den weiteren Ausführungen als Teil des Teams mit berücksichtigt. Die Mitarbeiter/innen in der direkten Betreuung, die Fachkräfte für Arbeits- und

Berufsförderung, im weiteren Verlauf als *FAB* bezeichnet, sollen gemäß WVO Handwerker oder Facharbeiter mit Gesellen- oder Meisterbrief sein und über eine sonderpädagogische Zusatzqualifikation verfügen. Diese wird in der Regel berufsbegleitend absolviert und dauert in Blockform ca. ein Jahr. Den FAB können auch Ergotherapeuten, Erzieher oder Heilerziehungspflegerinnen gleichgestellt sein. Als begleitender Fachdienst sollen Sozialarbeiter oder Sozialpädagogen tätig sein. Wenn erforderlich, können zum Begleitenden Dienst auch Psychologen oder anderes therapeutisch oder pflegerisch tätiges Personal gehören. Die Leitung sollte eine Qualifikation auf Fachhochschulniveau aus dem kaufmännischen oder dem technischen Bereich besitzen, bei entsprechender Eignung können auch Mitarbeiter mit einer Qualifikation aus dem sozialen Bereich oder aus dem handwerklichen Bereich anerkannt werden.

4.   Vorteile interprofessioneller Tätigkeit

Die grundsätzlichen Vorteile der Teamarbeit im psychiatrischen Bereich sind in der Unterstützungs- und Entlastungsfunktion in einem belastenden Arbeitsfeld zu sehen (vgl. Schädle-Deininger/Villinger 1997: 171). Hierzu zählen die Möglichkeit, Problemlösungen gemeinsam mit anderen zu reflektieren, sich in belastenden Situationen von anderen unterstützen oder sogar vertreten zu lassen und die Verantwortung mit anderen zu teilen.

Die Vorteile speziell des interprofessionellen Teams werden anhand ihrer Auswirkung auf die Klienten dieser Arbeit gesehen. Nicht nur durch die unterschiedlichen Persönlichkeiten, sondern auch durch die unterschiedlichen Ausbildungen und die spezifischen Wege der jeweiligen Berufe, mit den Klienten in Beziehung zu treten, gelangt das Team zu einem vollständigeren Bild des Klienten und der Problemlage (vgl. ebd.). Hierdurch kann eine „*größere Variationsbreite an Zielen und Lösungsvorschlägen*" entwickelt werden (ebd.). Die genannten Vorteile beziehen sich allerdings auf (psychiatrische) Teams, die sich aus unterschiedlichen (zumeist helfenden) Berufsgruppen des Sozial- und Gesundheitswesens zusammensetzen. In deren Ausbildung und in den Aufgaben gibt es oft Gemeinsamkeiten und es gibt vor allem ein relativ klar abzugrenzendes Ziel – die Behandlung und Rehabilitation des Klienten. In der hier beschriebenen Arbeit in einer WfbM setzt sich das Team aus Berufsgruppen mit völlig unterschiedlichen Grundlagen zusammen. Dabei steuern die Gruppenleiter mit zumeist handwerklicher Ausbildung hinsichtlich der psychosozialen Probleme keine fachspezifische Sichtweise, sondern eher den Alltagsblick bei. Aus dem Blickwinkel einer grundsätzlich anzustrebenden Normalisierung ist dies durchaus wünschenswert. Daneben ermöglicht die fachliche Qualifikation der Gruppenleiter eine Einschätzung der fachspezifischen Fertigkeiten und Schwierigkeiten der Beschäftigten und die Entwicklung von Arbeitsaufgaben, die diesen Schwierigkeiten entgegenkommen. Somit bewirkt die Interprofessionalität ebenfalls eine differenziertere Betrachtungsweise und trägt hierdurch bei allen Mitarbeitern auch durch wechselseitiges voneinander Lernen zur Entwicklung einer größeren Fachlichkeit der Einzelnen und des Teams bei (vgl. auch Kowalzik 2005b: 5).

5. Problembereiche und mögliche Lösungsansätze

Die Zielsystematik beinhaltet zum einen eine Vielzahl von Subzielen, die einander zum anderen in vielfältiger Weise wechselseitig beeinflussen. Art und Weise sowie das Ausmaß der Auswirkungen untereinander sind kaum vorhersehbar und kaum zu beeinflussen. Damit erfüllen die die Zielsystematik und damit der Auftrag der WfbM das Merkmal der Komplexität (vgl. Dörner 1992: 60f.; Ulrich, Probst 1995: 57ff.). Ein Beispiel für diese Komplexität erhält man, wenn man das Subziel der Förderung des Übergangs auf den allgemeinen Arbeitsmarkt herausgreift: Sowohl dieses Ziel selbst als auch das damit einhergehende Ziel der beruflichen Qualifizierung und Bildung wirken sich in der Praxis möglicherweise auf das Ziel eines hohen Arbeitsergebnisses/ Ertrags aus, da Arbeitskraft entfällt oder anderweitig eingesetzt wird. Voraussetzung für einen Übergang auf den allgemeinen Arbeitsmarkt ist meist der Erfolg hinsichtlich des Zieles der Vermeidung von Rückfällen oder Verschlimmerungen. Hierzu kann aber der erfolgte Übergang auf den allgemeinen Arbeitsmarkt möglicherweise erst beitragen, er kann dies aber möglicherweise auch gerade vereiteln.

Im Umgang mit Komplexität sind unter anderem die folgenden Reaktionen problematisch: Zum einen die fehlende Berücksichtigung der Prozesshaftigkeit und die bloße Regulation eines augenblicklichen Zustandes (vgl. Dörner 1992: 50f.). Des Weiteren die Annahme, dass die komplexe Wirklichkeit dieselbe Ursache-Wirkungs-Kausalität aufweise, wie ein nicht komplexes, nach Ulrich und Probst (1995: 58f.) also „triviales" System, eben nur komplizierter sei (vgl. ebd.: 60f.). In der Folge kann es dazu kommen, dass Teilziele ohne Berücksichtigung der Wechselwirkungen betrachtet und verfolgt werden und es zu „Reparaturdienstverhalten" (Dörner 1992: 88ff.) kommt, bei denen zum einen unsystematisch die augenscheinlichen Zielabweichungen verfolgt werden, zum anderen Ziele verfolgt werden, die der ausführenden Person inhaltlich am nächsten stehen.

Übertragen auf die Situation in der WfbM kann letzteres sich vor allem darin äußern, dass die sozialberuflich geprägten Mitarbeiter die Förderung und Bedürfnisse der behinderten Mitarbeiter in den Mittelpunkt stellen, die handwerklich, kaufmännisch oder technisch ausgebildeten Mitarbeiter hingegen die möglichst hohe Produktivität.

Im Umgang mit den „internen Kunden" (Wendt 2002: 125), den behinderten Mitarbeitern, spielen vor allem die jeweiligen Deutungsmuster als Grundlage des Handelns eine Rolle. Darunter sind „emotional verankerte Erklärungsmodelle" von Mitgliedern einer sozialen Gruppe zu verstehen, die durch informelles, lebensgeschichtliches wie auch durch institutionelles und formelles Lernen in Schule und Beruf erworben werden (vgl. Michel-Schwartze 2002: 12). Sie befinden sich in inhaltlicher Nähe zu den *Einstellungen*, die ebenfalls (u.a.) komplexitätsreduzierende und sozial verbindende Funktion haben, jedoch eher durch eine Wertorientierung und einer Handlungskomponente gekennzeichnet sind. Die bei Sozialarbeitern durch Studium und Berufstätigkeit ausgebildeten Aspekte von Deutungsmustern sind eher durch eine konstruktivistische oder systemtheoretische/ systemische Ausrichtung geprägt. Sie berücksichtigen die Komplexität sozialer Probleme, stehen in der Praxis dann aber oft im Gegensatz zu den Deutungsmustern der Gruppenleiter, die durch ihre berufliche Ausbildung und Tätigkeit eher auf lineares Denken in Kausalketten und zügige Problemlösung trainiert sind.

Daneben kennzeichnet die aus dem Gegenstand der Sozialen Arbeit resultierende enge Verknüpfung von Berufs- und Alltagswissen deren Deutungsmuster, oft handeln Sozialarbeiter daher im Ergebnis „*aus dem Bauch heraus*" (vgl. ebd.). Als Experten für die Alltagswelt integrieren sie häufig Elemente wissenschaftlicher Theorien aus den Bezugswissenschaften in ihr eigenes privates Alltagshandeln. Dadurch wird jedoch oft verschleiert, dass sie über eine wissenschaftlich fundierte Expertenschaft verfügen, die, vergleichbar zu anderen Professionen in deren Berufsfeld, über das Alltagswissen von sozialen Problemen und Problemlösungen hinausgeht, über das jeder Mensch verfügt. Hieraus ergeben sich teilweise Legitimationsprobleme in der Zusammenarbeit mit den anderen Berufsgruppen, wie sie beispielsweise ein Arzt nicht hätte, und infolgedessen sich die Gruppenleiterinnen oft nur dann an den Begleitenden Dienst wenden, wenn sie mit dem eigenen Alltagswissen an Grenzen stoßen. Hierdurch kommt es zu dem bereits angeführten „Reparaturdienstverhalten", welches einer der Komplexität des Zielsystems gerecht werdenden Ausgestaltung des Organisationsangebotes entgegensteht.

Idealerweise sollte der Begleitende Dienst immer wieder die tatsächliche Komplexität von psychosozialen Problemlagen aufzeigen und auf behinderungsspezifische Bedürfnisse, kontexttypische Phänomene (z.B. Übertragung, Gegenübertragung, Projektion, etc.) und alternative Deutungsmöglichkeiten hinweisen. Dabei muss er die Beobachtungen und Einschätzungen der Gruppenleiter angemessen berücksichtigen, da diese die Beschäftigten über eine längere Zeit und in einem anderen situativen Kontext erleben. Sie müssen aufgrund ihrer Ausbildung Wahrnehmungsverzerrungen bei sich selbst und den Gruppenleitern in Betracht ziehen.

Zum beruflichen Selbstverständnis und den zugrunde liegenden Deutungsmuster von Gruppenleitern in WfbM existieren keine Befunde. Es können daher allenfalls hilfsweise Erfahrungen und Ergebnisse aus anderen Berufsfeldern herangezogen werden. Diese bleiben fragmentarisch, ihre Übertragbarkeit ist beschränkt. Bezogen auf den Umgang mit den behinderten Mitarbeitern kann möglicherweise von einer in Ansätzen dem Selbstverständnis von Vorarbeitern und Meistern im industriellen Kontext ähnelnden Grundhaltung ausgegangen werden. Diese wäre dann geprägt von der Vorstellung einer kontrollierenden und eher koordinierenden Tätigkeit unter geordneten und geregelten Rahmenbedingungen, bei der Improvisationen oder auch die eigene Mitarbeit als Versagen bzw. Störung erlebt werden (vgl. Volmerg 1986: 40ff.). Mit einer solchen Grundhaltung verbunden ist ein durch informelle Varianten von Belohnung und Bestrafung geprägter und auf Leistung ausgerichteter Umgang mit Untergebenen, im Falle der WfbM also mit den behinderten Beschäftigten. Merkmale hierfür sind der Wunsch, gut arbeitenden Untergebenen kleinere Vergünstigungen, Belohnungen und Unterstützungen zukommen zu lassen, andere durch Abwendung, Härte oder Versetzung zur Leistungssteigerung zu motivieren oder loszuwerden (a.a.O.). Dieses Rollenverständnis wird im Rahmen von WfbM nicht selten erschüttert oder gar umgekehrt – hier ist beispielsweise oft notwendig, gerade leistungsschwächeren Mitarbeitern mehr Vergünstigungen und Aufmerksamkeit zukommen zu lassen und leistungsstärkere Mitarbeiter durch Zuweisung schwierigerer Aufgaben oder längerer Arbeitszeiten besonders zu fordern.

In der Betrachtung der Handlungsgrundlagen ist darüber hinaus auch zu berücksichtigen, dass bei Gruppenleitern zwar fraglos ein Interesse am sozialen Auftrag der WfbM vorauszusetzen ist, wenn sie sich in diese bewerben, daneben aber davon auszugehen ist, dass diese auch weiterhin ihre beruflichen Qualifikationen einsetzen wollen, sei es durch eigene Tätigkeit oder durch die Weitergabe von Fachkenntnissen.

Kommunikationsstrukturen

Es gibt, wie bereits angeführt, kein Material zur Interprofessionalität in WfbM. Die bei der Analyse der Zusammenarbeit hilfsweise herangezogenen Erfahrungen und Ergebnisse aus anderen Berufsfeldern bergen die Gefahr der Stereotypisierung. Diese stellt allerdings nicht nur ein Problem für die Analyse sondern auch in der tatsächlichen Zusammenarbeit ein erstes Kooperationshindernis dar (vgl. auch Stengele 2005: 13). Die gegenseitige Wahrnehmung kann vor allem bei entsprechend ungünstiger Ablauforganisation in einer solchen Stereotypisierung resultieren. Das ist besonders problematisch, wenn eine Berufsgruppe vermeintlich die angenehmen Aufgaben übernimmt und den anderen Berufsgruppen vermeintlich alle unangenehmen Funktionen zufallen. So z.B., wenn der Begleitende Dienst vor allem entlastende Angebote an die Beschäftigten heranträgt, während die Gruppenleiter die Einhaltung von Arbeits- und Pausenzeiten gewährleisten sollen.

Die Teamarbeit wird überdies auch durch ungleiche Zugänge zu Informationen, traditionelle hierarchische Gestaltung der Aufbauorganisation und der unterschiedlichen ausbildungsorientierten Bezahlung erschwert. Begleitende Dienste sind aufgrund der geringeren Personenzahl und der akademischen Ausbildung häufiger in Leitungsstrukturen eingebunden oder erhalten direkteren Zugang zu Informationen aus der Leitungsebene. Es existieren für sie traditionell mehr Gremien zum fachlichen Austausch außerhalb des eigenen Unternehmens als für die Gruppenleiter. Oft wird die Teilnahme an einem solchen Gremium leitenden Mitarbeitern vorbehalten und Gruppenleiter werden hiervon grundsätzlich ausgeschlossen.

Aus ihren Ursprungsberufen sind die Gruppenleiter an zweckorientierte Kommunikationsformen in geringem Umfang gewöhnt. Die ausgiebige Problemerörterung oder gar die Reflexion der eigenen problemerhaltenden oder -verursachenden Verhaltensanteile gehören nicht zum im Erstberuf erlernten Repertoire. Die im sozialen Bereich hierfür traditionell genutzten Teambesprechungen hingegen werden eher als Ort zur Weitergabe von Sachinformationen, Aufträgen und Daten verstanden. Die Annäherung an eine schlüssige Problemdefinition und das Reden darüber werden möglicherweise als überflüssig, bzw. als Ausdruck von Unsicherheit wahrgenommen. Deutlich wird nach eigener Beobachtung immer wieder, dass (die besser bezahlten) Fachhochschul-/ Hochschulabsolventen aus Sicht der Gruppenleiter über ein deutlich höheres Maß an Expertenwissen verfügen sollten, um daraus eindeutige Erklärungen oder Lösungen zu liefern, die zudem eine geringe Fehlerquote aufweisen sollen. Dieses Expertenverständnis entspricht den Gegebenheiten in technischen Arbeitsfeldern (Facharbeiter – Ingenieur) und je näher dem der Begleitende Dienst in der WfbM kommt, desto größer ist in der Regel die Akzeptanz.

Lösungsansätze

Im Hinblick auf die beschriebenen Schwierigkeiten, aber auch auf die Förderung der positiven Aspekte der interprofessionellen Arbeit erscheint aus Leitungsperspektive die Kombination von mehreren Führungs- und Managementinstrumenten zweckmäßig.

Für eine gelingende Zusammenarbeit braucht es eine gemeinsame Problemdefinition und Auftragsklärung, die einen gemeinsamen „metatheoretischen Bezugsrahmen" (Stengele 2005: 10) für alle beteiligten Berufsgruppen liefert. Hierzu können die Entwicklung eines Leitbildes oder die am Leitbild orientierte Ausarbeitung einer einrichtungsspezifischen Konzeption oder entsprechender Leitlinien beitragen. Das Leitbild ist als „oberste Ebene eines vereinbarten Zielsystems" (Wanner 2005: 8) zu verstehen und gibt den Mitarbeitern, die daher auch an der Erstellung beteiligt werden müssen, Orientierung und definiert die geltenden Wertmaßstäbe in der Einrichtung.

Darüber hinaus ist der Prozess der Leitbild- oder Konzeptentwicklung eine Möglichkeit, unterschiedliche Sichtweisen zu benennen, die sachlichen und fachlichen Hintergründe der Arbeit und die zugrunde liegenden Kausalnetze darzustellen, so dass allen Mitarbeitern die Komplexität des Zielsystems bewusst wird. Hierbei könnten die Erstellung eines Netzwerkdiagramms (Ulrich, Probst 1995: 129ff.) und einer Einflussmatrix (ebd.: 142ff.) zur Veranschaulichung beitragen und sicherstellen, dass alle Einflussgrößen berücksichtigt werden.

Auf der Ebene der einzelnen Mitarbeiter sollten Leitbild und Konzeption um das Instrument des Mitarbeitergesprächs, vor allem in der Form des Zielvereinbarungsgesprächs ergänzt werden. Hierdurch können die Organisationsziele auf die Ebene von Person und Aufgabe des Mitarbeiters herunter gebrochen werden (vgl. Kowalzik 2005a: 7), bestehende Unsicherheiten hinsichtlich wahrgenommener Zielkonflikte thematisiert werden und einer Beschränkung auf inhaltlich nahe stehende Teilziele vorgebeugt werden. Zudem kann so gewährleistet werden, dass die einzelnen Teammitglieder durch die Erreichung der Unternehmensziele auch persönliche Ziele verwirklichen können (beispielsweise Anerkennung, Erfolg, Entwicklung und besonders die Umsetzung fachlicher Interessen; vgl. Haug 2003: 26).

Ebenfalls erforderlich sind eine eindeutige Aufgabenverteilung und die Festlegung der Handlungsspielräume für die jeweiligen Professionen. Dabei ist wichtig, dass unangenehme und angenehme (vgl. 5.3.) wie auch eintönige und abwechslungsreiche Aufgaben und Funktionen soweit möglich gleich verteilt sind, bzw. gemeinschaftlich zu gewährleisten sind.

Dazu gehört auch, ein geeignetes Mittel zum Informationsaustausch und zur Beziehungspflege zu entwickeln. Eine Beschränkung auf regelmäßige Dienstbesprechungen erscheint dabei nicht sinnvoll, diese werden oft als sehr formeller und eher dem sozialberuflichen Bereich zugehöriger Rahmen wahrgenommen. Die Kommunikation muss vielmehr ergänzt werden um vielfältige informelle Gelegenheiten zum Austausch, so etwa die Etablierung einer Pausenkultur, das Zulassen von Privatgesprächen in angemessenem Ausmaß und gemeinschaftliche Veranstaltungen in der Art von Betriebsausflügen (vgl. Lotmar, Tondeur 1999: 69; Haug 2003: 122). Zum Beispiel kann eine regelmäßige „Inforunde" eingeführt werden, an der verbindlich teilgenommen wird, die Inhalte sich aber

„zufällig" im Verlauf des Gesprächs ergeben und ohne Ergebniszwang verfolgt werden. Zur Verwirklichung des komplexen Auftrags durch verschiedene Professionen gehört hinsichtlich der Informationsweitergabe auch die umfassende Information aller Mitarbeiter. Die Etablierung von Herrschaftswissen und bewusst selektive Informationsweitergabe ist zu vermeiden. Alle Mitarbeiter sollten darüber hinaus durch Teilnahme an besonderen Fachgremien oder Fortbildungen, nicht nur aus dem sozialen Sektor, eigene Kompetenzen weiterentwickeln und einbringen können und durch die Anbindung der WfbM an vielfältige gesellschaftliche Teilsysteme deren Entwicklungspotential stärken.

Die gemeinsame Planung der Inhalte und Ziele der Maßnahme WfbM für jeden einzelnen Beschäftigten (bezeichnet als z.B. Förderplanung, Rehabilitationsplanung o.ä) ist ein Instrument, um unterschiedliche Betrachtungsweisen und Vorstellungen der verschiedenen Professionen miteinander und mit den subjektiven Einschätzungen der Beschäftigten abzugleichen und alle Ziele aufeinander abzustimmen.

Daneben ist, gerade im Arbeitsfeld Psychiatrie, zur Teamentwicklung und zur Reflexion des beruflichen Handelns und der zugrunde liegenden Problemverständnisse Supervision als Beratungsinstrument sinnvoll. Es ist jedoch dabei zu berücksichtigen, dass hier Widerstände und Ängste bestehen. So werden schon für Mitarbeiter aus Sozial- und Gesundheitsberufen hindernde Ängste und Widerstände beschrieben, die bei Angehörigen anderer Berufe vermutlich noch stärker ausgeprägt sind: Hierzu gehören unter anderem eine fehlende Bereitschaft zur Selbstreflexion und zum In-Frage-Stellen der eigenen Person, die Haltung, keine Unsicherheit zeigen zu dürfen, wie auch die Angst vor Kritik und davor, in der Gruppe Schwäche zu zeigen (Scholz 1999: 220f.). Diese, in sozialen Arbeitsfeldern notwendigen Fähigkeiten dürften in z.B. handwerklichen Berufszusammenhängen als eher hinderlich gelten, entsprechend ausgeprägter sind die Widerstände.

6.   Fazit

Die in diesem Beitrag angeführten Aspekte bleiben zum Teil Hypothesen und wissenschaftlich nicht belegte subjektive Beobachtungen. Auch beruhen sie auf einer vereinfachenden und stereotypisierenden Darstellung, die den tatsächlichen Gegebenheiten nicht gerecht wird, jedoch der Problemdarstellung dienen soll. Zur Vertiefung und weiteren Überprüfung der angeführten, zum Teil nur angeschnittenen Phänomene wäre eine empirische Betrachtung mit dem Fokus auf die Besonderheiten der Interprofessionalität in Sozialen Arbeitsfeldern erforderlich.

Für eine gelingende interprofessionelle Zusammenarbeit erscheint es aber als Idealziel, durch entsprechende Führungsinstrumente und durch umfassende Beteiligung aller Mitarbeiter sowie die optimale Nutzung der individuell vorhandenen Kompetenzen im Sinne des Unternehmensauftrags zu einem „energetischen Teamverständnis" (Luck o.J.: 34) zu gelangen: Das Team als Energiepotenzial in Bezug auf die Umsetzung des Auftrags, gekennzeichnet durch flache Hierarchien und Leitung als Intervention, die zu Selbstorganisation und -steuerung führen sollte. Ein solches Team ist idealerweise an vielen Schnittstellen mit der Unternehmensumwelt vernetzt, so dass Anregungen aus verschiedensten professionellen Bezügen aufgegriffen werden können und eine hohe Flexibilität erreicht wird. Beim Einsatz der Führungsinstrumente ist auf die unterschiedliche berufliche Prägung Rücksicht zu nehmen.

Literatur und Quellen

Dörner, Dietrich: Die Logik des Misslingens. Strategisches Denken in komplexen Situationen. Reinbek 1992

Haug, Christoph V.: Erfolgreich im Team. München 20033

Heinz, Walter: Arbeit, Beruf und Lebenslauf. Weinheim 1995

Horak, Christian; Matul, Christian; Scheuch, Fritz: Ziele und Strategien von NPOs. In: Badelt, Christoph (Hrsg.): Handbuch der Nonprofit Organisation. Stuttgart 20023; S. 197 – 223

Kowalzik, Uwe: Das Mitarbeitergespräch als effektives Führungsinstrument eingesetzt. In: Handbuch Sozialmanagement. Stuttgart/ Berlin 2005 (a); C 1.6, S. 1-20

Ders.: Von der Teamarbeit zur Teamentwicklung. In: Handbuch Sozialmanagement. Stuttgart/ Berlin 2005 (b); C 3.4, S. 1-24

Lotmar, Paula; Tondeur, Edmond: Führen in sozialen Organisationen. Bern 19996

Luck, Martin: Aspekte der interdisziplinären Zusammenarbeit. Unveröffentlichte Master – Thesis. Wirtschaftsuniversität Wien o.J.

Martin, Ernst; Wawrinowski, Uwe: Beobachtungslehre. Weinheim 19932

Michel-Schwartze, Brigitta: Handlungswissen der Sozialen Arbeit. Opladen 2002

Miller, Alfred: Ziele in Werkstätten für behinderte Menschen. Freiburg i.Br. 2005

Schädle-Deininger, Hilde; Villinger, Ulrike: Praktische psychiatrische Pflege. Arbeitshilfen für den Alltag. Bonn 19972

Schneider, Helmut; Knebel, Heinz: Team und Teambeurteilung. Köln 1995

Scholz, Herwig: Kommunikation im Gesundheitssystem. Handbuch zur Konfliktvermeidung. Göttingen 1999

Stengele, Peter: Soziale Arbeit und Spitex. Ein Modell der interprofessionellen Kooperation. Zürich 2005 URL: www.hssaz.ch/home/download/563/de /Referat_Stengele_Peter.pdf Zugriff am 16.07.2006

Ulrich, Hans; Probst, Gilbert J.B.: Anleitung zum ganzheitlichen Denken und Handeln. Bern 19954

Volmerg, Birgit: Betriebliche Lebenswelt. Opladen 1986

Wanner, Markus: Leitbildentwicklung in sozialen Unternehmen. In: Handbuch Sozialmanagement. Stuttgart/ Berlin 2005; A 3.1, S. 1-18

Wendt, Wolf Rainer: Sozialwirtschaftslehre. Baden-Baden 2002

6   Chancen und Risiken der Professionalisierung

Das Personalmanagement ist für Gesundheits- und Sozialorganisation von maßgeblicher Bedeutung. Es zeichnet sich deutlich ab, dass diese Bedeutung in der Zukunft eher zu- als abnehmen wird.

Wichtige Aufgaben bestehen in folgenden Bereichen:
- Konzeption und Implementierung einer strategisch ausgerichteten Personalkonzeption, die die verschiedenen Stakeholder und Handlungsfelder des Personalmanagements integriert und die Wirkungsbezüge berücksichtigt
- Weiterentwicklung von Weiterbildungsmaßnahmen hin zu einer strategischen Personalentwicklungs- und Organisationsentwicklung, die der Personalstrategie basiert (kein Gießkannenprinzip).

Zur Positionsbestimmung der Gestaltung des Personalmanagements bieten folgende bipolare Fragestellungen eine hilfreiche Unterstützung an. Sie identifizieren Schwachstellen und liefert Ansatzpunkte zur Gestaltung der Personalarbeit in der Praxis auf Basis einer Positionsbestimmung:
- Eher keine Kernorientierung an der gesellschaftspolitischen Mission versus deutliche Kernorientierung an der gesellschaftspolitischen Orientierung der Organisation in der Sozialen Arbeit
- Eher keine Integration personalwirtschaftlicher Themen bei Strategietreffen versus eher etablierte Integration personalwirtschaftlicher Themen bei Strategietreffen
- Eher kurzfristiges Denken im Personalmanagement versus eher langfristige Orientierung im Personalmanagement
- Eher Reaktion auf Probleme im Bereich des Personalmanagements versus eher Antizipation von Problemen im Bereich des Personalmanagements
- Weniger Personalverantwortliche mit wenig Einfluss in der Organisation versus mehr Personalverantwortliche mit viel Einfluss in der Organisation
- Eher Vergangenheitsorientierung der Personalarbeit versus eher Zukunftsorientierung der Personalarbeit
- Eher unklare Ziele versus eher deutliche Zielorientierung in der Personalarbeit
- Eher wenige Offenheit und Erfahrung mit unterschiedlichen Instrumenten des Personalmanagements versus eher Offenheit und Erfahrung mit unterschiedlichen Instrumenten des Personalmanagements
- Eher Angst vor Fehlern in der Gestaltung der Personalarbeit versus deutliche Fehlerfreundlichkeit in der Gestaltung der Personalarbeit.

Personalmanagementkonzepte der freien Wirtschaft können nicht uneingeschränkt in die Praxis der Gesundheits- und Sozialorganisationen übertragen
werden. Es bedarf nicht zuletzt aufgrund der Besonderheiten des Personals und
der Zielgruppe spezieller und abgestimmter strategischer Konzeptionen. Dieser
Herausforderung wird sich das Personalmanagement zukünftig in der Praxis wie
auch in der Entwicklung der Fachdisziplin verstärkt stellen und das Handlungsfeld und Lehrgebiet Personalmanagement weiter entwickeln.

Die Bindung von Mitarbeitenden, die als Leistungsträgerinnen und Leistungsträger gelten, ist für Organisationen aus dem Gesundheits- und Sozialbereich von hoher Bedeutung. Sie sind es, die den Organisationserfolg wesentlich
bestimmen. Demotivierte Mitarbeitende wirken ebenso wie engagierte Mitarbeitende als Multiplikatoren in der Organisation.

Aktuelle Tendenzen zur Selbstorganisation und Selbstbestimmtheit auf der
einen Seite und eine sich deutlich herauskristallisierende Leistungs- und Ergebnisorientierung auf der anderen Seite ergänzen sich und beschreiben aktuelle
Kernorientierungen der Gestaltungsfelder Arbeitszeit und Entgelt gleichermaßen.

Dieses gilt auch für die Arbeitszeitgestaltung: Die Arbeitszeit wird in einen
größeren und breiteren Zusammenhang gestellt, wenn die personalwirtschaftliche
Diskussion die Gestaltung des Faktors Zeit nicht nur als (zeit-) rahmensetzender
Faktor (im Sinne einzelner zu kategorisierender Arbeitszeitmodelle), sondern als
eine aktiv zu gestaltende Variable des Personalmanagements betrachtet wird.

Im Kontext der Arbeitszeitgestaltung ist eine deutliche Abkehr von einer
Anwesenheitsorientierung hin zu einer Ergebnisorientierung zu beobachten.
Raum und Zeit der Leistungserstellung variieren, sofern es der Aufgabeninhalt es
zulässt. Wichtig ist ausschließlich, dass das Ergebnis der Arbeitsleistung zum
Organisationserfolg beiträgt. Dies lässt sich deutlich an der Zunahme der alternierenden Telearbeit belegen: Natürlich kann die Organisation nicht kontrollieren, ob die Mitarbeitenden wirklich in den vereinbarten Stunden am Schreibtisch
sitzen und konzentriert arbeiten. Aber auch bei synchronen Anwesenheitszeiten
war dieses letztendlich auch nicht vollständig möglich.

Über die Bewertung von Arbeitsleistungen und das Erreichen von Zielvereinbarungen stellen Organisationen sicher, dass sie ihre Organisationsziele erreichen. Ergänzt werden diese durch umfangreiche Feedbacksysteme.

Hier knüpft die Entgeltgestaltung an. Es wird nicht allein auf Arbeitsanwe-
senheit bzw. verlässliche Arbeitsdurchführung abgestellt, sondern die Arbeitsleistung und die Erreichung von Zielvereinbarungen gewinnen zunehmend auch
in Gesundheits- und Sozialorganisation an Bedeutung.

Das Thema Vergütung spielt gegenwärtig eine gewichtige Rolle bei der
Professionalisierung des Personalmanagements in der Organisationspraxis. Eine
erfolgreiche Einführung und eine nachhaltige Wirkung von leistungsorientierten

Entgeltbausteinen wird stark vom Führungsverständnis und den Führungskräften abhängen. Hier bestehen umfassende Wirkungen in die anderen Bereiche des Personalmanagements wie die Personalentwicklung und die Personalführung.

Der Blick auf die Diversität der Mitarbeitenden in Organisationen wird auch die Frage der Arbeitszeitgestaltung in den Organisationen weiter differenzieren. Arbeitszeitmodelle, die eine Vereinbarung von Familienaufgaben und beruflicher Tätigkeit unterstützen, sind für viele Leistungsträgerinnen und Leistungsträger ein wichtiger Bindungsfaktor an Organisationen. Hier haben sich alternierende Telearbeitsmodelle und variable Teilzeitmodelle zunehmend etabliert.

Weitere relevante Diversitätsmerkmale der Organisationsmitglieder ergeben sich auch aus dem Alter, dem kulturellen Hintergrund und nicht zuletzt aus den verschiedenen Vertragsformen.

Arbeitszeitmodelle, die ältere Beschäftigte in der Vergangenheit als Zielgruppe definierten, sind letztendlich als früher Ausstieg aus dem aktiven Erwerbsleben einzuschätzen. Dies gilt selbstverständlich für den vorzeitigen Ruhestand, aber insbesondere auch für die Altersteilzeit. Ein gleitender Ausstieg durch Halbierung der Arbeitszeit der älteren Mitarbeitenden begleitet von einem gleitenden Einstieg eines jüngeren Mitarbeitenden hat sich als eher idealtypisch als praxisnah erwiesen. Das Blockmodell hat von vielen Beschäftigen und Organisationen den Vorzug erhalten. Ältere Mitarbeitende als wertvolle Ressource in Organisationen– dieser notwendigen Betrachtungsweise muss sich das Personalmanagement noch viel deutlicher stellen.

Für die Zukunft ist zu erwarten, dass alle Handlungsfelder, die die Bindung qualifizierter Mitarbeitender fördern, nicht zuletzt aufgrund der demografischen Entwicklungen, eine größere Bedeutung erhalten.

Eine deutlicher strategisch ausgereichte Personalentwicklung stellt für viele Organisationen in der Sozialen Arbeit eine der wichtigsten Herausforderungen der Zukunft dar. Eine deutliche Hinwendung zu ‚on the job'-Maßnahmen ist hier ebenso zu erwarten wie eine Ausweitung der Ausgestaltungsformen des Lernens. Aus meiner Sicht werden es hier die kooperativen Lehr- und Lernformen sein, die über unterschiedlichste Medien und Lernumgebungen Mitarbeitende als Lernende miteinander in Kommunikations- und Reflexionsprozesse setzen.

Bindungsfaktoren und Ansatzpunkte sind vor dem Hintergrund der Diversität zu überprüfen und weiter zu differenzieren. Hierdurch wird auch die Diskussion um Werte und Ethik eine neue Wertigkeit erhalten.

Ein proaktives und auf Nachhaltigkeit ausgerichtetes Personalmanagement verfügt über ein weites Spektrum an Handlungsmöglichkeiten und Maßnahmen. Es gilt, dieses Spektrum zu kennen und weiterzuentwickeln.

Literatur

Albert, M. (2006): Die Ökonomisierung der Sozialen Arbeit. Neue Hierarchien innerhalb der Profession? In: Sozial Extra 30. Heft 07/08. 26-31.

Badelt, Chr./ Meyer, M./ Simsa, R. (Hrsg.) (2007): Handbuch der Nonprofit Organisation. Strukturen und Management. 4. Auflage. Stuttgart: Schäffer-Poeschel.

Bass, B.M. (1990): Bass and Stogdill`s Handbook of Leadership. 3. Auflage. New York: The Free Press.

Becker, F. (2002): Lexikon des Personalmanagements. 2. Aufl. München: Deutscher Taschenbuch Verlag.

Betzelt, S. (2001): The Third Sector as a Job Machine? Conditions, Potentials, and Policies for Job Creation in German Nonprofit Organizations. Frankfurt am Main et al.: Peter Lang.

Böhm, H. (2006): Vorwort. In: DGFP e.V. (Hrsg.): Flexibilitätsorientiertes Personalmanagement. Grundlagen, Handlungshilfen, Praxisbeispiele. Unter Mitwirkung von S. Armutat, P. Fassbender, K.-H. Haberkern, St. Kaiser, U. Steinbrücker und Ch. Szogas. Bielefeld: W. Bertelsmann Verlag, 9 – 10.

Brewster, C./ Kabst, R. (2006): Personalarbeit im Ländervergleich. In: personalmagazin, Heft 10/2006: 50-52.

Decker, F. (2000): Unternehmensführung und Organisationsgestaltung im Sozialbetrieb. Erfolgreich arbeiten, organisieren und managen. Starnberg: R.S. Schulz.

DGFP e.V. (Hrsg.) (2006): Flexibilitätsorientiertes Personalmanagement. Grundlagen, Handlungshilfen, Praxisbeispiele. Unter Mitwirkung von S. Armutat, P. Fassbender, K.-H. Haberkern, St. Kaiser, U. Steinbrücker und Ch. Szogas. Bielefeld: Bertelsmann Verlag.

Drost, U. (2007): Performance Management in Nonprofit-Organisationen. In: Zeitschrift für Personalforschung, 21. Jg., Heft 1/2007, 70 – 75.

Eckhardstein, D. v./ Ridder, H.-G. (2003): Anregungspotenziale für Nonprofit Organisationen aus der wissenschaftlichen Diskussion über strategisches Management. In: Eckhardstein, D. v., Ridder, H.-G. (Hrsg.): Personalmanagement als Gestaltungsaufgabe im Nonprofit- und Public-Management. 1. Auflage. München, Mering: Hampp, 11 – 32.

Effinger, H. (2000): Soziale Arbeit und soziales Engagement. In: Sozialmagazin, die Zeitschrift für Soziale Arbeit. Heft 7-8/ 2000, 46 – 50.

Ehrhardt, A. (1998): Frauen, Macht, Karriere. Eine Untersuchung zu Aufstiegserfahrungen und Leistungskonzepten von Frauen in der sozialen Arbeit. Wiesbaden: Fachhochschule Wiesbaden.

Elsen, S./ Lange, D./ Wallimann, I. (Hrsg.) (2000): Soziale Arbeit und Ökonomie. Politische Ökonomie, Arbeitsmärkte, Sozialpolitik, Grenzen der Ökonomiesierung, Soziale Ökonomie, Gemeinwesenentwicklung, Bürgergesellschaft. Neuwied/ Kriftel: Luchterhand.

Ergenzinger, R. (1993): Arbeitszeitflexibilisierung – Konsequenzen für das Management. Bern/Stuttgart/Wien: Paul Haupt.

Falk, R. (2004): Personalwirtschaft für Dienstleistungsbetriebe. Personalmanagement für Betreibe der Gesundheits- und Sozialwirtschaft sowie für Sportvereine und Sportverbände. Aachen: Shaker Verlag 2004.

Fiedler-Winter, R. (2001): Ideenmanagement. Mitarbeitervorschläge als Schlüssel zum Erfolg. Praxisbeispiele für das Vorschlagswesen der Zukunft. Landsberg, Lech: Verl. Moderne Industrie.

Friedrich, A. (2002): Arbeitszeitflexibilisierung und Selbstorganisation, Analyse und Ableitung von Gestaltungsmöglichkeiten für das Personalmanagement, München, Mering: Hampp.

Friedrich, A.: (2001): Förderung hochqualifizierter Frauen durch Arbeitszeitflexibilisierung und Personalentwicklung. Beiträge eines regionalen Unternehmensnetzwerkes in Ostwestfalen-Lippe. München, Mering: Hampp.

Gmür, M., Schwerdt, B. (2005): Der Beitrag des Personalmanagements zum Unternehmenserfolg. Eine Metaanalyse nach 20 Jahren Erfolgsfaktorenforschung. In: Zeitschrift für Personalforschung, 19. Jg., Heft 3/2005, 221 – 251.

Goll, E. (1991): Die freie Wohlfahrtspflege als eigener Wirtschaftssektor. 1. Auflage. Baden-Baden.

Grund, Ch. (2006): Altersstruktur der Belegschaft als Erfolgsfaktor für Unternehmen, in: WiST, Heft 08/2006, 462 – 464.

Hentze, J. (1995): Personalwirtschaftslehre 2, 6. Aufl.: Bern, Stuttgart, Wien: Haupt-Verlag.

Hentze, J./ Graf, A./ Kammel, A./ Lindert, K. (2005): Personalführungslehre. Grundlagen. 4. Auflage. Bern, Stuttgart, Wien: Haupt.

Hilb, M. (2005): Integriertes Personal-Management: Ziele, Strategien, Instrumente. 14. durchges. Aufl., Neuwied: Luchterhand.

Hölzle, Ch. (2006): Personalmanagement in Einrichtungen der Sozialen Arbeit. Grundlagen und Instrumente. Weinheim und München: Juventa.

Hütte, J. (2003): Unternehmensethik als Synthese aus Ethik und Ökonomik. In: Zeitschrift für Personalforschung, 17. Jg., Heft 4/2003, 414 – 417.

Hummel, H.-P (2006): Unterstützung des Professionalisierungsstrebens im Personalmanagement mit Hilfe des Personalmanagement-Professionalisierungs-Index (PIX) der Deutschen Gesellschaft für Personalführung (DGFP e.V.) – eine kritische Betrachtung. In: Zeitschrift für Personalforschung, 20. Jg., Heft 1/2006, 12 – 21.

Klimecki, G.R./ Gmür, M. (2005): Personalmanagement – Strategien, Erfolgsbeiträge, Entwicklungsperspektiven. 3. erw. Auflage. Stuttgart: Lucius & Lucius.

Knorr, F. (2001): Personalmanagement in der Sozialwirtschaft. Grundlagen und Anwendungen. Ein Hand- und Arbeitsbuch, Frankfurt am Main: Eigenverlage des Deutschen Vereins für öffentliche und private Fürsorge.

Knorr, F./ Offer, H. (1999): Betriebswirtschaftslehre. Grundlagen für die soziale Arbeit, Neuwied/Kriftel: Luchterhand.

Kolhoff, L./ Kortendieck, G. (2006): Personalmanagement und Personalwirtschaft. Baden-Baden: Nomos.

Krämer-Stürzl, A. (2003): Personalentwicklung. In: Schubert, J. (Hrsg.): Management von Gesundheits- und Sozialeinrichtungen. Handlungsfelder, Methoden, Lösungen. Neuwied, Köln, München: Neuwied, 145 – 182.

Krell, G. (2004): Chancengleichheit durch Personalpolitik. Ecksteine, Gleichstellungscontrolling und Geschlechterverhältnis als Rahmen. In: Krell, G. (Hrsg.): Chancengleichheit durch Personalpolitik. Gleichstellung von Frauen und Männern in Unternehmen und Verwaltungen. Rechtliche Regelungen – Problemanalysen – Lösungen. 4. Auflage. Wiesbaden: Gabler, 15-32.

Lerche, W./ Krautscheid, Ch., Olejik, A., Selg, E.-M (2001): Personalentwicklung in Sozialorganisationen. Eine Arbeitshilfe für die Praxis. 2. erweiterte Auflage. Augsburg: Eigenverlag des Deutschen Vereis für öffentliche und private Fürsorge.

Martin, A. (2006): Die Beurteilung der Personalarbeit: Informationen mit beschränkter Einsicht. In: Zeitschrift für Personalforschung, 20. Jg., Heft 1/2006, 22 – 41.

McGregor, D. (1960): The Human Side of Enterprise, New York.

Merchel, J. (2004): Leitung in der Sozialen Arbeit. Grundlagen der Gestaltung und Steuerung von Organisationen, Weinheim und München: Juventa.

Merchel, J. (2008): Sozialmanagement. In: Kreft/ Mielenz (Hrsg.) (2008): 850-857.

Münch, J. (1995): Personalentwicklung als Mittel und Aufgabe moderner Unternehmensführung. Bielefeld: Bertelsmann.

Myritz, R. (2006): Personalentwicklung „im Verbund" äußerst erfolgreich. In: wirtschaft und weiterbildung, 05/2006, 20 – 22.

Neuberger, O. (1997): Personalwesen 1. Stuttgart: Enke.

Neumann, S. (2004): Personal und Personalmanagement in NPO. Münsteraner Diskussionspapiere zum Non-Profit-Sektor. Heft 25/2004, 12.

Niermeyer, R./ Seyffert, M. (2002): Motivation. Freiburg im Breisgau: Haufe.

Peter, D. (2005): Die Bedeutung von Personalentwicklung in Profit- und Nonprofit-Organisationen im Hinblick auf die wichtigsten Zukunftsaufgaben. In: Fröse, M.W. (Hrsg.): Management Sozialer Organisationen. Bern, Stuttgart, Wien: Haupt Verlag, 288 – 292.

Pracht, A. (2002): Betriebswirtschaftlehre für das Sozialwesen. Eine Einführung in betriebswirtschaftliches Denken im Sozial- und Gesundheitsbereich. Weinheim, München: Juventa.

Probst, G.J.B./ Büchel, B.S.T. (1998): Organisationales Lernen. Wettbewerbsvorteil der Zukunft. 2., aktualisierte Auflage. Wiesbaden: Gabler.

Riebe, H./ Sellach, B. (2000): Die lernende Organisation – Wunsch und Wirklichkeit. In: Riebe, H.; Düringer, S.; Leistner, H. (Hrsg.): Perspektiven für Frauen in Organisationen. Neue Organisations- und Managementkonzepte kritisch hinterfragt. Münster: Votum, 83 – 104.

Schanz, G. (2000): Personalwirtschaftslehre: lebendige Arbeit in verhaltenswissenschaftlicher Perspektive. 3. neu bearb. und erw. Auflage. München: Vahlen.

Schein, E.H. (1995): Unternehmenskultur. Ein Handbuch für Führungskräfte. Frankfurt am Main, New York: Campus.

Scholz, Ch. (1993): Personalmanagement. 3. Auflage. München: Vahlen.

Schubert, J. (2003): Personalmanagement vor neuen Herausforderungen. In: Schubert, J. (Hrsg.): Management von Gesundheits- und Sozialeinrichtungen. Handlungsfelder, Methoden, Lösungen. Neuwied, Köln, München: Neuwied, 135-142.

Siegmund, K./ Hohn, B. (2007): Berufsfeldanalysen und Kompetenzentwicklung im Nonprofit-Management, Berlin: Fachhochschule für Verwaltung und Rechtspflege.

Spichal-Mößner, M. (2007): Verwirrung über einen modischen Managementbegriff. Möglichkeiten und Grenzen des Coachings in der Praxis. In: Betriebswirtschaftliche Blätter, Heft 2007/ 04, 231.

Stolz, R. (2005): Konsequenzen des demographischen Wandels für das Personalmanagement. Eine Analyse mit Beispielen aus der Pharmabranche. Schriftenreihe des ESB Research Institute. Herausgegeben von Jörn Altmann. Stuttgart: ibidem-Verlag.

Stübinger, M./ Lieber, B./ Reiners-Kröncke, W. (2003): Personalmanagement. Hrsg. von H. Bassarak und R. Spiegelberg. Trisdorf: Fortis Verlag.

Weber, W./ Festing, M./ Dowling, P.J./ Schuler, R.S. (1998): Internationales Personalmanagement. Wiesbaden: Gabler.

Werling, U. H. (2008): Das Mitarbeitergespräch in sozialen Einrichtungen. Eine empirische Studie. In: Sozial Extra, Heft 3-4/2008. 11-13.

Wischer, T. (2005): Ein Modell zur Beurteilung der Effizienz von Anreizsystemen. In: Zeitschrift für Personalforschung. 19. Jg., Heft 4, 405 – 498.Wunderer, R. (2003): Führung und Zusammenarbeit. 5. Auflage. Neuwied: Luchterhand.

Autorinnen und Autoren

Marc Fesca, Jg. 1968, Dipl. Sozialarbeiter und Diplom Sozialwirt; Prokurist der AWO Trialog gGmbH Sozialpsychiatrie, zuständig für Leitung und Geschäftsführung von WfbM und Arbeitsangeboten in der Region Hildesheim.

Prof. Dr. Andrea Friedrich, Jg. 1966, Diplom-Ökonomin; 18-monatige Traineeausbildung Personalmanagement, Personalreferentin im Bereich Grundsatzfragen des Personalmanagements, Ausbilderin (IHK), wissenschaftliche Mitarbeiterin am Lehrstuhl für Personalwirtschaft an der Universität Paderborn, selbstständige Personalberaterin (Führungskräftetrainings, Konzepte für Personalentwicklungsmaßnahmen, Coachings), seit 2002 Professorin an der HAWK, Fachhochschule für angewandte Wissenschaften und Kunst Hildesheim, Fakultät Soziale Arbeit und Gesundheit. Systemischer Coach (ECA). Besondere Lehr- und Forschungsschwerpunkte: Kommunikation und Interaktion, Personalmanagement und Organisationsentwicklung in der Sozialen Arbeit. Gründerin einer Organisation im Bereich der Kinder- und Jugendhilfe. Diverse ehrenamtliche Tätigkeiten im Bereich sozialer Arbeit.

Marion Schindler, Jg. 1957, Diplom-Sozialpädagogin und Diplom Pädagogin, langjährige Berufserfahrung als Fach- und Führungskraft in Institutionen der Sozialen Arbeit und Beruflichen Bildung; Ausbildungen zur Supervisorin DGSv (Deutsche Gesellschaft für Supervision) und Gesprächspsychotherapeutin GwG/HPG (Gesellschaft für wissenschaftliche Gesprächspsychotherapie); seit 1999 Lehrkraft für besondere Aufgaben an der Fakultät Soziale Arbeit und Gesundheit der Hochschule für angewandte Wissenschaften und Kunst Hildesheim.

PD Dr. Marion Tacke, Jg. 1957, Diplom-Psychologin. Psychologische Psychotherapeutin (DGIP, DGPs), Supervisorin und Coacherin (BDP), Therapeutin für Traumatherapie (EMDR) und Kunsttherapie (BKMT) in eigener Praxis. Hochschulassistentin an den Universitäten Braunschweig (Institut für Soziologie und Sozialarbeitswissenschaften) und Lüneburg (Institut für Psychologie). 2007 Habilitation, Privatdozentin an der LeibnizUniversität Hannover. Erste Vorsitzende des niedersächsischen DGIP-Landesverbandes und des Vereins für Erziehungsberatung BEJ; Trägerin der Braunschweiger Bürgermedaille für sozialen Einsatz. Forschungsschwerpunkte: Selbstwertgefühl, Leistungsfähigkeit und Essstörungen im Jugendalter; Gesundheitsbezogene Kontrollüberzeugungen; Lebensstil-, Wertschätzungs- und generationsübergreifende Arbeit; Wohlbefinden, Konfliktbewältigung in sozialen Systemen.

Eric Weckel und Daniela Schilling, Daniela Schilling, Jg. 1969, Diplom Sozialpädagogin und Diplom Religionspädagogin, seit 1999 im Bereich der Jugendberufshilfe tätig, seit 2001 in leitender Funktion. Case Managerin, Qualitätsmanagementbeauftragte. Erik Weckel, Jg. 1963, Politikwissenschaftler, Sozialmanager, Systemischer Coach (ECA), Organisationsaufsteller und Eisenbahner. Langjährige Erfahrung in der Jugend- und Erwachsenenbildung, Schwerpunkte in der Anti-Rassismusarbeit, GenderMainstreaming, Zukunftswerkstätten, Organisations- und Strukturaufstellungen und Beratung. Seit 2001 Leiter der Jugendwerkstatt Gifhorn, Lehrbeauftragter an der Universität Gießen (1993-2001) und seit 2009 an der Hochschule für Angewandte Wissenschaft und Kunst (HAWK) Hildesheim.

Heike Witte, Jg. 1965, Diplom Sozialarbeiterin/ Sozialpädagogin; Leiterin der Städtischen Kindertagesstätte Wülferoderstraße in Laatzen.

Lehrbücher Soziale Arbeit